繁栄の呪縛を超えて

貧困なき発展の経済学

ジャン＝ポール・フィトゥシ＋エロワ・ローラン〔著〕
林 昌宏〔訳〕

新泉社

カバーストーリー

人類の生活レベルは、紀元一年から一八二〇年までの間よりも、一九九〇年から二〇〇〇年にかけての一〇年間のほうがより大きく向上した。

数十億人の人類が貧困から抜け出そうとしているところに、新たなマルサスの法則が作用しはじめた。つまり、環境問題を考慮すると、われわれ全員が金持ちになるには、あまりにも人口が多すぎるのではないだろうか、という懸念が生じたのだ。

二〇万年来、自然の脅威と闘ってきた人類は、自然をさんざん痛めつけてきた。ならば、発展を断念しなければならないのだろうか――?

そのような「繁栄の呪縛」を前にして、人類は経済成長や進歩を止めるべきだ、との声もあがっている。

筆者らは、地球の生態系を毀損することなく人類の発展を追求することは可能だと信じる。そのための条件は、民主主義に対するわれわれの要求を引き上げることだ。

エコロジー面での平等こそ、持続可能な発展のカギである。

「経済システムがエコロジー的限界に近づくにつれて、不平等は拡大の一途をたどる」。

（ブルントラント報告書『地球の未来を守るために』国連ブルントラント委員会、一九八七年）

繁栄の呪縛を超えて——貧困なき発展の経済学◉目次

❖装幀——犬塚勝一

- (＊)は原註，(▼)は訳註である.
- 〔　〕は訳者および編集サイドによる補足，〈　〉は同じく強調である.
- (　)は原文における補足括弧をそのまま反映したが，英語表記や固有名詞の略称等を併記した箇所においても使用している.
- 訳出にあたり，読みやすさを考慮し，適宜，原文にはなかった箇所に改行を入れた.

繁栄の呪縛を超えて

貧困なき発展の経済学

序章

繁栄の呪縛

◉不平等な発展――エコロジー的美徳

開発経済学者のポール・コリアー(▼1)によると、現在、地球で暮らす六十数億人の人類は、三つのカテゴリーに分類できるという(*1)。まず、一〇億人の金持ち。彼らはおもに、西欧諸国(米国、カナダ、ヨーロッパ)、日本、オーストラリアで暮らしている。次に、四〇億人の金持ち予備軍(アジア諸国、ロシア、中南米諸国)。そしておよそ一〇億人の貧困者であり、彼らのほとんどは極貧の状態にある。この九億八千万人の恵まれない人々は、「貧しい国から発展途上国へと転じつつある」五〇カ国において「どん底」の暮らしを強いられている。それらの国々の七〇パーセントはアフリカ諸国だ。

経済発展に至るまでの道のりは、今後も多難が予想される。しかし、世界人口の八〇パーセントはすでに極貧状態から脱したか、あるいは脱出しつつあることを、P・コリアーとともに認める必要があるのではな

▼1 ポール・コリアー(Paul Collier, 1949–)
イギリスの経済学者。オックスフォード大学教授、同大学アフリカ経済研究センター所長。開発経済学、アフリカ政治経済論を専攻。世界銀行の開発研究グループ・ディレクター、イギリス政府顧問などを歴任。邦訳書に『民主主義がアフリカ経済を殺す』甘糟智子訳(日経BP、二〇一〇年)、『収奪の星――天然資源と貧困削減の経済学』村井章子訳(みすず書房、二〇一二年)など。

いだろうか。われわれは、往々にして傲慢で淫らでさえある経済的繁栄をなしとげた。その証拠に、物質的に豊かに暮らしている人々の総数は、いまから二世紀前の全世界の人口総数よりも多いではないか。

要するに、全世界的な経済発展という目的が、ついに達成されつつあるのだ。世界中で、物質的に満ち足りた暮らしが未曾有のスピードで拡大している。これまで生活にゆとりのなかった数億の人々も、経済発展の恩恵に浴する時代に突入したのである。

ほんの一世代前にとっては考えられなかったことだが、現在では、この歴史的成功がパラドキシカルな不安を育む要因になっている。つまり、あまりにも物質的に豊かな金持ちであるには、われわれの人口は多すぎるのではないだろうか、という心配だ。人類が貧困を克服するにつれて、マルサスの法則(＊2)がこれまでにないかたちで作用し、人類の行く手をさえぎることになるではないだろうか。すなわち、われわれが地球の生態系を保全したいのなら、マルサスの法則が予見するように、われわれは世界の人口だけでなく、一人ひとりが消費する天然資源の量も減らすべきではないだろうか。

現代において、人類が自然の力をおそれることはなくなった。だが、

＊1　ポール・コリアー『最底辺の一〇億人――最も貧しい国々のために本当になすべきことは何か？』中谷和男訳（日経BP、二〇〇八年）。

＊2　マルサスの法則については、本書第1章の後半を参照されたい（▼第1章－9）。

その報復として、自然は人類を悩ませるようになった。

——このような論証からは、地球は世界全体を豊かにすることはできない、という陰鬱な結論が導き出せる。

経済発展の不平等は、エコロジー的には美徳であるとすら考える者もいる。彼らは次のように問う。

「豊かさがきちんと分配され、また、すべての途上国の人々が西欧諸国と同等の裕福な暮らしを享受できるようになるとしたら、こうした平等を達成するためには、地球がいったいいくつ必要になるだろうか」。

かつてガンジーは、同様の質問を投げかけた。

「イギリスが繁栄するためには地球の資源の半分を必要としたが、インドがイギリスのように発展するには、地球がいったいいくつ必要になるだろうか」。

平等な発展は地球の資源を枯渇させてしまうという幻想が、不平等な発展によって実際に育まれているのだ。

現在、地球環境が緊急事態にあることを否定する者は、おそらく誰もいないだろう。同時に、生産と消費のありようを変革することを遅らせている各国政府の怠慢や、そうした変革に抵抗する勢力の存在についても否定できない。とりわけ経済理論は、現実をきちんと把握してこなかったとして糾弾されている。経済成長という強迫観念にとらわれている経済理論は、人類の活動や富の流通、希少資源の無計画な利用などに対するあらゆる制約を、原則的に悪だと断罪する。矛盾した繁栄の追求を正当化する経済理論は、豊かさの永続という妄想のなかに宿るが、われわれは現在、こうした繁栄から毒入り果実を収穫しているのだ。

要するに、帝国主義者の時代と同じように、単純化された経済偏重主義者が、われわれを奈落の底へと突き落とすのだ。いまこそ、われわれはそうした暴走に終止符を打つべきではないだろうか。

◉経済学の二つのパラダイム――〈内部調整〉と〈外部調整〉

経済学には、投げかけられた疑問に対する回答は一つしかない、という幻想がある。われわれは、こうした統合され首尾一貫した経済学という妄想を払拭すべきである。経済学は、少なくとも二つのパラダイムに区別できる。そして、区別する必要があるのだ。

一つめは〈内部調整〉である。このパラダイムにおいては、経済システムは、自由な主体間の自由な相互作用により、つねに最適な均衡にあるか、均衡状態に到達していくことが前提となる。政治体制を永続させ、経済と社会の進展を促す個人の行動や制度的メカニズムは、経済システムの内部で発展すると考えるのだ。もし、このアプローチが有効だとすれば、現在の環境問題への懸念は、根拠のない近視眼的なものとなるはずである。つまり、公的権力が市場の試行錯誤に介入しなければ、市場はいずれ持続可能な発展への道筋をみいだすだろう。

フリードリヒ・フォン・ハイエク(▼2)は、次のように語った。

われわれが価格システムの本当の機能を理解したいと思うなら、これを情報コミュニケーションのメカニズムとしてとらえるべきだろう。(……)このシステムの最大の特徴は、このシステムとともに作用する知識経済であり、個人が正しい判断を下すために知らなければならないことは、ごくわずかだ。(……)唯一かつ最も重要な情報〔価格〕は、関係者だけに伝達される(＊3)。

この価格システムの特徴こそが、市場による資源の最適な分配を約束し、公的介入を有害とみなすのだ。たとえば、近年における原油価格の

▼2 フリードリヒ・ハイエク (Friedrich August von Hayek, 1899–1992)
ウィーン生まれの経済学者、社会哲学者。二〇世紀を代表するリバタリアニズム思想家として多岐にわたる業績をのこした。一九四四年に発表した『隷従への道』において、生産手段の私的所有を廃し計画経済を理念とする社会主義思想が、本質的にファシズムと同根であると論じ、世界的に大きな影響を与えた。

＊3 Friedrich Hayek, "The Use of Knowledge in Society," *American Economic Review*, September 1945, pp.526–527.

高騰は、代替エネルギーや新技術の開発に投資すべきだという、経済主体に対するシグナルと解釈できよう。

二つめのパラダイムは〈外部調整〉である。このパラダイムは、世界を広義にとらえる。市場の機能は富を生み出すが、社会を破壊するおそれもある。市場は社会にとって大きな負担になる価格変動を生み出すおそれがあるため、社会は市場メカニズムを調整しようと試みる。かつての政治経済学という名称にふさわしい、このような経済学のとらえ方では、経済と社会の秩序は、個人ならびに共同体の決定という複雑な均衡から生じるため、市場経済は外部主体、すなわち公的機関の介入なしには円滑に機能しないと考える。

この二つめのパラダイムこそが、人類と自然との関係を明らかにする。それには少なくとも三つの理由があり、それぞれの理由には明確な根拠がある。

一つめは、このパラダイムでは、開かれたシステムとしての経済学は、政治だけでなく社会に対しても、そして物理学的プロセスに対しても成り立ち、それらが相互に作用するという理由だ。

二つめは、長期さらには超長期の決定において、たとえば原発に対する投資スパンをおよそ一〇〇年と仮定すると、現在の価格システムでは、ハイエクが思い描いていたこととは裏腹に、経済主体は誤った決定を下す可能性があるという理由だ（投資不足ないし過剰投資が発生する）。つまり、競争によって利潤は民営化され、損失は国有化されてしまうおそれがある。なぜなら、エネルギー供給のように、重要な公的サービスが機能不全に陥れば、公的機関は当然の責務として何らかの対策を打ち出さなければならないからだ。

三つめは、ほとんどの環境的な財〔大気や海洋資源など〕は公共財であるため、それらの価格は、政府の政策によってしか決定することができないという理由だ。

本書の目的は、自然環境との調和（エコロジー・バランス）の美名のもとに、進歩よりも衰退、公平な発展よりも不平等における質素を選び取るように仕向ける、それらの「繁栄の呪縛」から抜け出すことにある。本書は、さきほど述べた経済学の二つめのパラダイムである〈外部調整〉に依拠し、論証していく。

◉社会正義と環境問題

筆者たちは、地球の生態系を犠牲にすることなく、人類の発展を追求することは可能だと信じている。しかしそのためには、われわれの民主主義に対する要求を高める必要がある。環境的公平は、持続可能な発展のカギとなる。このような新たな環境政策を模索するために、本書では現代の経済理論の枠組みを批判的に検証するが、そうした知的な再検討の努力によって、現代の経済理論の目的が歪んだり、その存在意義が失われることはないだろう。

これらの課題に取り組むためには、人類と自然の関係をもう一度、論証しなければならない。人類と自然の関係を見渡す人類学的な考察は、驚きに満ちている。約二〇万年前（ホモ・サピエンスの誕生）から活動を開始した人類は、一万年前（農業社会への移行時期）からさらに活動的になった。人類は、制御不可能な自然の力から逃れるために、創意工夫を重ねると同時に、社会性を養い続けてきた。そしてほんの四〇年ほど前から、人類と自然との力関係が逆転したのだ。

公共の場で自然の脆弱性（＊4）が議論されるようになったのは、一九七

＊4　気象学者たちが自然の脆弱性を認知するようになったのは、一九四〇年代ごろからではないかと、ケネス・J・アロー（▼第3章-6）は推測している。次を参照のこと。
Kenneth J. Arrow, "Global Climate Change: A Change to Policy," *Economistes' voice*, June 2007.

〇年代になってからであり(＊5)、その二〇年後には、人類は地球の生態系に影響をおよぼしていると認識されるようになった。このようにして、有限性という概念がふたたび意識されるようになったのである。つまり、制御できない自然と有限な人類という考え方は廃れ、狡猾になった人類と有限な自然という認識に変わったのだ。

経済理論は、有限性に無関心どころか、それに似かよった心配から誕生した学問である。経済理論が最初に誕生したのは、「ケチで有限性のある自然」という枠組みにおいてだ。産業革命とともに誕生した現代の経済理論は、希少な資源に対する人類の闘いの武器になり、そうした相対的な制約の問題にすぐに直面した。すなわち、マルサスの人口過剰の問題からスタンレー・ジェヴォンズ(▼3)のエネルギー枯渇問題、さらには現在の気候変動分析モデルにおける地球環境全体の劣化などの問題である。要するに、一般に流布している考えとは反対に、経済理論は世界や自然の有限性を完全に認めているのだ(＊6)。

しかしながら、人類の経済発展の問題は、経済メカニズムを支配するフローとストックという、単純なロジックを超越している。人類の経済発展を理解するためには、「動態経済学」の側面から考察する必要があ

＊5　一九七二年にはUNEP(国連環境計画)が打ち立てられた。天然資源を保護するための国際的行動の必要性が確認されたのも、この時代である。

▼3　ウィリアム・スタンレー・ジェヴォンズ(William Stanley Jevons, 1835–1882)
イギリスの経済学者、論理学者。一八七一年の『経済学理論』のなかで、「限界効用」(▼第1章-16)による価値理論をくわしく説明した。

る。

幸運なことに、閉じたシステム（＊7）を特徴づけるエントロピーの法則だけが、われわれの進化を支配する「時間の矢」ではない。エントロピーの法則よりは実感しにくいが、もう一つの決定的な「時間の矢」は知識の増加である。つまり、人類の経済発展には二重の不可逆性があるのだ。知識や技術進歩の蓄積がある一方で、有限な資源ストックの切り崩しや、環境資源に対する取り返しのつかない開発行為がある。そのような理由から、経済学における時間には、決定的な方向性がある。すなわち、資源についてはエントロピー的な方向性、そして生産や組織の体制や知識の拡散については歴史的な方向性である。

われわれの経済発展システムの進化に関する展望は、部分的にこの二つの動態プロセスの間で組み立てられる領域に位置する。両者の隔たりは、あたかもハサミの両刃が離れていくイメージだ。このアプローチでは、概念上の配置転換が前提になる。つまり動態経済学では、残された時間という原則が、希少性の原則を明確にしながら、それを補っていかなければならないのだ。

しかしながら、これだけでは充分ではないだろう。というのは、環境

＊6　環境経済学は急成長している研究分野であり、環境問題について経済学理論から概念基盤や行動手段を提示している。これについては後ほど述べる。

＊7　ここで懸念されるおもな現象については、世界は閉じたシステムの状態にあるという仮定で話を進める。しかしながら、遠い将来に人類は、他の惑星からのエネルギー供給などが可能になると想像できるようになるかもしれない。

問題の背後には社会正義に関する問題が渦巻いているからだ。われわれが最終的に必要とするのは「開かれた経済学」である。すなわち、エコロジー、社会、政治などの環境に対して開かれた経済である。環境破壊の責任を負うのは、経済理論そのものではなく、自律したプロセスにある科学としての狭義の経済理論だ。

食糧危機や世界のエネルギー危機により、「生活資料」の分配と「生き残るための権利」の分配との間に、また、エコロジーと民主主義との間に、存在すべき重要な関係があることを、われわれは極端なかたちで思い知った。こうした観点から人類の発展を主張できるのは、各人が生き残る権利を確保するという、民主的な意味合いにおいてだけである。いいかえると、経済を衰退させるのではなく、不平等を衰退させることこそが重要なのだ。

有限性の経済学（第1章）、動態経済学（第2章）、開かれた経済学（第3章）は、本書で展開する試論の三つのタームとなる。そこで、交換の領域、動態的な推移、社会正義の要求という、三つの側面（そして三つの問題）に注目しながら、人類の発展について考察していく必要がある。

本書のイントロダクションを締めくくるにあたって、読者の反感を買うことを覚悟のうえで、公の議論におけるわれわれ筆者らの立場をできるかぎり明確にしておきたい。

本書では知的三角測量を試みる。つまり、左右対称的に立ちはだかっている障害の間に、新たな道筋を描き出そうとする試みである。

環境問題は、それらの（コインの裏表のような）障害を前にして、イデオロギーを帯びた論争になってしまう傾向がある。すなわち、経済活動の減速や進歩の断念という警鐘に心を動かされやすい「進歩主義者」が存在する一方で、市場や技術革新を活用すれば万事乗り切れるとする考えにいとも簡単に同調する「保守主義者」が存在する。

前者は環境問題を経済問題として扱い、後者はそれをテクノロジーの問題に帰す。両者とも、最も単純かつ即座に判読可能な対立の構図には同意する。しかし、両者に共通するのは、民主的な要求に対して背を向ける態度だ。前者は、経済的な格差を現在の状態に固定させることを主張し（資源の共有化、すなわち共産主義という想定しづらいケースは除く）、後者は、あらゆる討議形式や政治的選択を経済学のなかに落とし込む（市場の「見えざる手」が想定する世界観）。

環境政策により、経済、政治、エコロジーを相互に開かれたシステムとしてだけでなく、相互に決定されるシステムとして考えていく規律を、われわれは主張したい。ナイーブな自由主義と強権的な統制主義の間にも、歩むべき道筋は存在する。

われわれが主張する環境民主主義は、エコロジー的先見の明のなさと経済成長の断念との狭間から可能性をみいだす。それこそが本書で明らかにしていく事柄である。

第1章

マルサスの罠——有限性の経済学

◆人類と自然の闘い

ヘーゲル(▼1)は『法の哲学』〔一八二一年〕において、人間と自然の弁証法をきわめて明快に定義している。

いうところの自然状態においては、人間はいわゆる単純な自然的欲求をもっているだけであって、それを満足させるためにも、偶然的自然が直接に与えてくれるような手段を用いるだけであるから、こと欲求にかんしては、自然状態における人間は自由のうちに生きているのではないか、というふうに考える考え方がある。しかしこれはまだ、労働のうちにある(労働については後述する)解放の契機を顧慮しない考え方である。——これが誤った考え方であるのは、自然的欲求そのものや、自然的欲求を直接的に満足させるということは、精神が自然のなかへすっぽりとはまり込んだ状態、したがって

▼1 ゲオルク・ヴィルヘルム・フリードリヒ・ヘーゲル(Georg Wilhelm Friedrich Hegel, 1770–1831)
ドイツ観念論哲学を代表する思想家として、後世に多大な影響を残した。弁証法の提唱者としても有名。

自然のままの粗野で不自由な状態にすぎないと言えるからであり、そしてまた自由は、精神的なものが精神的なもののうちに再帰し、おのれを自然的なものから区分し、そしておのれを自然的なものに反射させることのうちにのみ存するからである(＊1)。

人類は、その知能を最大限に活用することによって人間たることを実現した。人類は、自分たちの欲求を満たし、己の充足感を拡大するために、自然に対してある種の暴力をふるったのである。なぜなら、人類こそが脆弱で創意工夫に富んでいるのであり、自然こそが万能で意地悪だからだ。人類は、自分たちの欲求に自然をうまく順応させるために、自然に手を加えて変化させる以外の選択肢をもちえなかった。しかしながら、この人類と自然の対立において、人類の勝利は過渡的なものにすぎない。というのは、手を加えられた自然が、今度は人類に対して新たな暴力をふるうおそれがあるからだ。

人類が進化してから数十万年後、すべては一九七〇年代に起こった。すなわち、この昔の論証が再認識されたのだ。ドイツの哲学者ハンス・ヨナス(▼2)は、人類の自然に対する闘いの軌跡を、その原点から追った

＊1　ヘーゲル『法の哲学 Ⅱ』藤野渉・赤沢正敏訳（中公クラシックス、二〇〇一年、一一三―一一四頁）。

▼2　ハンス・ヨナス
(Hans Jonas, 1903–1993)
ドイツ生まれの実存主義哲学者。一九七九年の主著『責任という原理』(＊2)は、科学技術文明の時代における社会的、倫理的問題を主題としている。

＊2　ハンス・ヨナス『責任という原理――科学技術文明のための倫理学の試み』加藤尚武監訳（東信堂、二〇〇〇年）。

最初の人物の一人である。ヨナスは著書『責任という原理』〔一九七九年〕において、倫理的な論証を展開している(*2)。

人類の都市は、非人間的世界における飛び地ともいえる。こうした飛び地が自然全体に拡大し、自然の地位を奪った。

それ以後、知能が高くなりすぎた人類よりも、自然のほうが脆弱になった。すなわち、「近代技術の約束が逆に脅威になった」のである。このような状況において、「人類は自然を、自分たちが享受したのと同じような状態で、次の世代に移譲できるのだろうか」と、ヨナスは疑問を投げかけた。というのは、人類がもともと脆弱な存在であるならば、自然が人類を脆弱な存在にしていくことによってしか、人類は自然が脆弱であることを知覚できないからだ。

これまでは将来世代の意見が聞き入れられることはなかったが、そのため、今日になって新たな絶対的な要請が明白になった。すなわち、「あなたの行動がもたらす影響が、地球で暮らす人類の永続性と、本当に共存可能であるように行動せよ」である。なぜなら、「人類に自殺す

▼3 ウルリヒ・ベック(Ulrich Beck, 1944–)
ドイツの社会学者。後掲の『危険社会』(▼4)のほか、『グローバル化の社会学――グローバリズムの誤謬―グローバル化への応答』木前利秋・中村健吾監訳(国文社、二〇〇五年)、『ナショナリズムの超克――グローバル時代の世界政治経済学』島村賢一訳(NTT出版、二〇〇八年)など邦訳書多数。

▼4 ウルリヒ・ベック『危険社会――新しい近代への道』東廉・伊藤美登里訳(法政大学出版局、一九九八年)。

*3 しかしながら、こうした考えはこれまでにもあったのではないだろうか。一神教の宗教の掟は、

る権利はない」からだ。

　人類の技術に関する知識にはそうした疑念が生じている。これには社会学者も関心を示している。社会学者の間でも、楽観主義は時代遅れになった。自然を支配する技術は、より確かな未来を約束するどころか、未来に新たなリスクを植えつけている。こうした技術は、進歩をともなわなくなったばかりか、不確実性、さらには大惨事を引き起こす危険性がある。このことは、ドイツの社会学者ウルリヒ・ベック(▼3)が『危険社会』において見事に論じている(▼4)。だが、これは社会科学の領域にヘーゲルの論証を用いたにすぎない。

　自然を、人類の存在や活動の不変的な枠組みと考えることはいまや不可能だと、世界中で認識されるようになった(＊3)。人類史にとって、自然はもはや不変的な存在ではなく、財になったのだ。スタンフォード大学の生物学者ピーター・ヴィトーセク(▼5)らは、「われわれが人類によって支配されている惑星で暮らしているのは明白だ」と述べている(＊4)。このような表明は、これまでにもあった。〔一九世紀の〕米国の言語学者で自然主義者だったジョージ・パーキンス・マーシュ(▼6)の著作においても、このことは次のように雄弁に語られている。「人類が引き起こし

自然の「価値」に対して人類の価値を優先するという考えのあらわれではないか。このような掟は、人類に自分たちの自然までを支配するように命じているのではなかろうか。

▼5　ピーター・ヴィトーセク
(Peter Morrison Vitousek, 1949–)
米国の環境学者。スタンフォード大学生物学部教授。人間活動にともなう窒素排出が地球生態系へおよぼす影響の解析などを進め、環境問題への政策提言などをおこなっている。

＊4　P. M. Vitousek, H. A. Mooney, J. Lubchenco and J. M. Melillo, "Human Domination of Earth's ecosystems," *Science*, 277, 1997, pp.494–499.

た地理学的、気候学的な影響を精査するのは、実際には不可能だ」(＊5)。

そうはいっても、人類が地球の生態系におよぼした影響を量的に計測することは可能である。たとえば、陸地の四〇パーセントから五〇パーセントは、人類の活動によって変化した。産業革命以降、大気中の二酸化炭素濃度はおよそ三〇パーセントも増加した。人類は地球の貯水の半分を利用している。人類の活動によって、二〇世紀初頭来、年間の窒素固定量(＊6)は二倍に増えた。鳥類の四分の一は絶滅に追いやられ、海洋生物資源の三分の二は、完全ないし過剰に利用されている。

一九九七年にヴィトーセクらは、次のような結論を下した。

> 野生種の多様性や原生の生態系を保全するためには、人類のさらなる関与が必要だという証明こそが、人類による地球支配が拡大している証拠である。

世界はきわめて具体的なかたちでわれわれの手中にある。

このような傾向は、ここ一〇年ほどの間に、さらに深刻になっている

▼6 ジョージ・パーキンス・マーシュ
(George Perkins Marsh, 1801–1882)
一九世紀米国の言語学者、外交官。米国における自然保護、環境保護運動の創始者ともいわれる。主著『人間と自然(*Man and Nature*)』(一八六四年)において、古代文明は環境破壊が原因で滅んだと論じ、「人間の営みによって地球の表面は月の表面と同じようになってしまう」として森林伐採による砂漠化に警鐘を鳴らし、自然保護の重要性を説いた。

＊5 G. P. Marsh, *The Earth as Modified by Human Action*, 1868.

＊6 肥料を製造するときに使用される人工的な固定法。

（＊7）。

人類がおよぼすこうした影響は、人類以外の生き物に対して、とくに顕著にあらわれている。「生物中心主義」（人間の権利を他生物の権利に優先させない立場）や「生物愛主義」の活動家でもあるハーバード大学の生物・動物学者のエドワード・ウィルソン（▼7）によると、とりわけ全世界で二五カ所の「決定的な地域」である「生物多様性ホットスポット」（＊8）において、生物多様性が脅かされているという（＊9）。

地球上の一・四パーセントを占めるにすぎないこれらの地域には、現在確認されている植物種全体の四三・八パーセント、哺乳類、鳥類、爬虫類、両生類全体の三五・六パーセントが存在している（＊10）。このような豊富な自然が宿るほんのわずかな領域は、森林伐採や産業開発によって八八パーセントも減少した。これにより、数千の動植物種が完全に絶滅し、さらには他の大部分も絶滅の危機に瀕している。

およそ一七五万種の生物が確認されているが、専門家によると、地球上にはおそらく一千万種の生物が存在するのではないかという（＊11）。生物種が絶滅するペースは、現代では過去の自然なペースよりも一千倍も速いと思われるため、これはきわめて深刻な事態といえる。

＊7　次を参照のこと。*OECD Environmental Outlook to 2030*, OECD, 2008. Millennium Ecosystem Assessment, *Ecosystems and Human Well-being: Synthesis*, Washington D.C., Island Press, 2005.

▼7　エドワード・オズボーン・ウィルソン（Edward Osborne Wilson, 1929–）米国の昆虫学者。社会生物学と生物多様性の研究者として知られ、環境保護主義の立場をとる。『生命の多様性』大貫昌子・牧野俊一訳（岩波現代文庫、二〇〇四年）、『生き物たちの神秘生活』広野喜幸訳（徳間書店、一九九九年）、『人間の本性について』岸由二訳（ちくま学芸文庫、一九九七年）などのほか、邦訳書多数。

動物種だけに限定すると、WWF（世界自然保護基金）が計算した「生きている地球指数（リビング・プラネット指数）」は、一九七〇年から二〇〇三年にかけて、およそ三〇パーセントも減少した。この指数は、地球全体の生物多様性の証拠サンプルになる一三一三種の脊椎動物（魚類、鳥類、哺乳類、爬虫類、両生類）の進化を追跡調査したものだ。その内訳をみると、陸上の生物種が三一パーセント、淡水の生物種が二八パーセント、海洋の生物種が二七パーセント減少している。国連は、一五〇〇年から現在までに、八五〇種の生物種が絶滅したのではないかと推定している（＊12）。

生物多様性の加速度的な減少のおもな要因は、過去のケースとは異なり、自然現象ではなく、人為的なものである。つまり、人類がおもな原因なのだ（影響の高い順に、生物種の生息地域の破壊、外来種の導入、生物資源の過剰利用、さまざまな公害、気候変動）（＊13）。

前例のないそのような生物多様性の破壊は、人類の暮らしに直接的な影響をおよぼす。よって、生物多様性条約（生物の多様性に関する条約）では、生態系が人類に提供する「サービス」の全目録が作成された（こうした「サービス」には、食糧、繊維、燃料の供給、水の浄化、受粉、さらには気候

＊8　一九九八年にイギリスの生態学者ノーマン・マイヤーズは、たぐいまれな生物多様性をもつ地域の多様性が失われつつある状況を訴えるために、このような名前を付けた。ホットスポットとは、在来植物種が少なくとも一五〇〇種あり、その面積が七〇パーセント以上失われた地域のことを指す。

＊9　エドワード・O・ウィルソン『生命の未来』山下篤子訳（角川書店、二〇〇三年）。

＊10　コンサベーション・インターナショナルというNGOが最近おこなった計算によると、地球上には三四カ所の「危険地域」が存在するという。地球の二・三パーセントの面積に相当するこの地域には、植物種の四〇パーセントと

や浸食作用の調整などがある)。

ところで、この分野の最先端の研究によると、生物多様性に富む生態系は、生産的かつ安定的で回復力(レジリエンス)に富むという。生態系が多様性を減らすと、生態系は人類に対しても機能しなくなる。つまり、根源的なダメージを回避できなくなり、広域な被害をおよぼすショック(たとえば気候変動による被害)を吸収できなくなるのだ。

要するに今日、人類の地球支配に懸念があるとすれば、それは自然が唐突に人類の地球支配に終焉を告げるのではないかということだ。地球で暮らす人類の存在の脆弱性がさらに深刻になっているという自覚があるからこそ、社会で環境問題が盛んに議論されるようになったのだ。

◆希少性と枯渇

経済活動と天然資源との複雑な関係を問うという、近年になって突然あらわれた問題意識は、経済理論のなかにはなかった。経済学は、自然が課す制約という難問をいまだに解決していない。

動物種の四〇パーセントが生息していることが確認されている。

＊11　Secrétariat de la Convention sur la diversité biologique, *Perspectives mondiales de la diversité biologique*, Montréal, 2e éditon, 2006.
ここでいう生物種の九五パーセント以上は無脊椎動物である。

＊12　Millennium Ecosystem Assessment, *Ecosystems and Human Well-being: Biodiversity Synthesis*, Washington D.C., World Resources Institute, 2005.

＊13　同前。

逆説的ではあるが、このような疑問が生じたのは、爆発的な経済成長や繁栄がもたらされた産業革命のときだった。近代的発展の黎明期には、ケチな自然および自然が引き起こす静止状態にあるという考え方により、経済学のはじまりである古典派経済学が育まれた。だが、「古典学派の壮大な動学」（スミス、リカード、ミル）と呼ばれる学派は、自然が人類を支配するという仮定にもとづいている。つまり、人類は自然を破壊せず、肥沃な自然を有効に利用する。一方、自然は人類に対し、自然を利用するペースに制約をもうけ、その有限性を示すかわりに、不変な状態にあることを約束した。

古典派経済学では、利用可能な土地のすべてが利用されていないときにかぎり、経済成長がもたらされる。古典派経済学は、技術進歩によっても操作できない所与の条件として土地の生産性をとらえたのである。トーマス・カーライル（▼8）の表現を用いていいかえると、古典派経済学の「悲痛で憂鬱な結論」を導くのは、自然資本〔鉱物資源や化石燃料、海洋生物資源や森林・川・大気等の生態系など、人類にとって利用価値のある諸サービスの供給源〕が劣化するという予測や、ましてや資源が枯渇するという見通しではなく、地球が供給できる量と、人類が生存するために必要な

▼8　トーマス・カーライル（Thomas Carlyle, 1795–1881）一九世紀イギリスの歴史家、評論家。スコットランド出身。大英帝国時代を代表する言論人の一人として著名。

量との理性的な比較だったのだ。このような覚めきった比較の最も顕著な表現こそが、マルサスの「法則」である。

◉マルサスの罠

マルサス(▼9)は一七九八年に『人口論』初版を出版した。彼は巻頭で次のような疑問を投げかけている。

これまでに人類の幸福を妨げた原因は何だろうか。

彼はその原因を、「すべての生命がみずから自由に利用できる食糧資源を超えて自分たちの種を拡大し続ける傾向」にあると考えた。生活の糧《かて》の等差的な増加と、生き残りたい人々の等比的な増加の対立は、不可避になるだろう。マルサスの科学的論拠に疑いを挟む余地は乏しいため、この計算が意味するところを厳粛に受けとめる必要があったのだ。

現在の地球の人口を一〇億人としよう。人口は、一、二、四、八、一六、三二、六四、一二八、二五六……と増加するだろう。一方、

▼9　トマス・ロバート・マルサス (Thomas Robert Malthus, 1766–1834)
イギリスの古典派経済学者、人口論者。一七九八年に『人口論』初版を発表。本書に依拠して、貧困や食糧不足などの社会的害悪の要因を、社会制度の欠陥ではなく人口増加に求め、人口抑制を主張する立場をマルサス主義と呼ぶ。

生活資料は、一、二、三、四、五、六、七、八、九と増加する。人口と生活資料の比率は、二世紀後に二五六対九、三世紀後に四〇九六対一三になるだろう。二〇〇〇年後には、この格差は計算できないほど莫大になる。

したがって、「人口増加」に歯止めをかける障害が折良くあらわれることで、「人口をたえず生活資料レベル以下に抑え込む」必要があるのだ。マルサスが予想した障害は、「道徳的抑制、悪徳、災い」の三つだった。

マルサスの論証は、当然ながら、そして幸いなことに間違っていた。最近では、カリフォルニア大学デービス校の経済学者グレゴリー・クラーク(▼10)がマルサスの誤りについて再考している。彼は次のような疑問を投げかけた。

(一八〇〇年の)人々の平均的な幸福は、紀元前一〇万年の人々を上まわっていたわけではない(＊14)。

▼10 グレゴリー・クラーク(Gregory Clark, 1957–)
米国の経済学者。専門は計量経済史。『一〇万年の世界経済史』(原書二〇〇七年)において、産業革命以前の社会は「マルサスの罠」から逃れられることなく、マルサス的均衡がそのままあてはまる経済状況が長く続いてきたと論じた。

＊14 グレゴリー・クラーク『一〇万年の世界経済史』久保恵美子訳(日経BP、二〇〇九年)。

では、人類はこの悲惨な公式から、どのようにして抜け出したのだろうか。

クラークによると、一九世紀初頭まで、すべての人間社会は「マルサスの罠」に閉じ込められていた。この「マルサスの罠」は、次に掲げる三つの法則の組み合わせに依拠している。一つめは、合計特殊出生率は生活レベルとともに上昇するという法則である。二つめは、死亡率は生活レベルとともに低下するという法則である。三つめは、生活レベルは人口増とともに低下するという法則である。

これら三つの法則が実際にはたらくなら、長期的な実質所得は、死亡率や合計特殊出生率に見合ったレベルになる。つまり、完全に静止した人口状態になるのだ。しかし、このような論証は的外れだ。というのは、一八〇〇年以降の人類発展の決定的な変数は、周知のようにテクノロジーの進歩速度だったからだ。一八〇〇年以前の技術進歩の成長率は、「年率〇・〇五パーセント以下だった。（……）これは現在の成長率のおよそ三〇分の一である」。したがって、自然と人類の経済学史上初の急変は産業革命である、とクラークは結論づけている（＊15）。

経済史家のアンガス・マディソン（▼11）が集計したデータをみると、こ

＊15　哲学的な急変は一神教の登場なので、史上初の「具体的な」急変といいかえるべきかもしれない。

▼11　アンガス・マディソン（Angus Maddison, 1926–2010）
イギリスの経済学者。専門は経済史、経済発展論。一九五三年から一九七八年までOEEC（欧州経済協力機構）およびOECD（経済協力開発機構）のエコノミストを務めた。『二〇世紀の世界経済』金森久雄監訳（東洋経済新報社、一九九〇年）、『経済統計で見る世界経済二〇〇〇年史』政治経済研究所訳（柏書房、二〇〇四年）など邦訳書多数。

表1-1　人口と生活レベル（西暦1～2000年）

年	人　口（千人）	1人あたりGDP *1
1年	225,820	467
1000年	267,330	453
1500年	438,428	566
1700年	603,490	615
1820年	1,041,720	667
1900年	1,563,464	1,262
1950年	2,525,501	2,113
1970年	3,685,775	3,736
1990年	5,256,680	5,162
2000年	6,061,593	6,055

＊1　1990年の購買力平価で換算した実質ドル.

出所：Angus Maddison (http://www.ggdc.net/maddison/).

の証明が正しいことがわかる。

マディソンの計算からは、一八二〇年以降、人口が急増するにつれて、世界の平均的な生活レベルが急上昇したことがわかる。平均的な生活レベルは、一八二〇年から一九〇〇年にかけて二倍になり、一九〇〇年から一九五〇年にかけてさらに二倍になり、一九五〇年から二〇〇〇年にかけて三倍になった。これは驚きの計算結果だ。地球の住人の平均所得の増加額を比較すると、一九九〇年から二〇〇〇年までの増加額は、西暦一年から一八二〇年まで

▼12　デヴィッド・リカード
(David Ricardo, 1772–1823)
イギリスの経済学者。アダム・スミスの理論を継承、体系化し、古典派経済学の完成者と呼ばれる。自由貿易を擁護し、自身も実業家として多くの財を成した。一八一七年の主著『経済学および課税の原理』（岩波文庫ほか）をはじめ、『農業保護政策批判』（岩波文庫）など邦訳書多数。

のおよそ五倍である（表1－1）。

いいかえると、マルサスの理論は、それが完成した時点から誤ったものになったのだ。ところが、経済学者たちはこの理論をおそれ続けたのである。

◉リカード──土地の収穫逓減

デヴィッド・リカード（▼12）の著作の根底には、マルサスの理論がある（＊16）。しかし、リカードは、農地におけるレント（▼13）の理論を打ち立てることによって、マルサスの理論を洗練されたものにしている。最初は最も肥沃な土地だけが利用されるが、人口が増加するにつれて、生産性の低い土地も利用されるようになる。すると食料品価格が高騰し、最も肥沃な土地の所有者に富がもたらされる。リカードのいうレントは、自然のケチ具合、つまり、自然が人類の活動に課す制約を計測するものだ。

この制約は、人口が増加すると、自分たちの労働だけで生きている人々の生活レベルは長期的には生活資料のレベルを超越できない、という非情な掟を課すようになる。このメカニズムの原動力の内部にこそ、マルサスの理論の改良版が宿っている。つまり、労働者の人口が増えるに

＊16　リカードは、その著書『経済学および課税の原理』の終わりに、マルサス『人口論』への「称賛の意を表明」している。その直後に、マルサスが「権威者であるだけにいっそう必要になる」と前置きしたうえで、マルサスの「若干の誤謬」に関する緻密な議論を読者に提示している。

▼13　レント（rent）　財・サービスの供給者に帰属する利益、すなわち収入と機会費用との差のこと。参入が妨げられている際の「独占利潤」や、寡占による「超過利潤」を指す場合もある。もともとは「地代」のことで、リカードが、土壌の質が異なる農地のレントの違いを「差額地代」として説明した。

つれて、労働者は生きのびることしかできなくなるのだ。これを説明するのが、土地の収穫逓減の法則(▼14)である。生産要素の一つが固定され、他の要素の量が増加するなら、このような増加によって可能になった追加的生産量は次第に減っていく。

その時代の経済学たるリカード・モデルでは、土地はその供給量を所与のものとして考えるべき生産要素だったのだ。人口が増加し、リカードが著書『経済学および課税の原理』の第五章の終わりではじめて予見した経済の「静止状態」という陰鬱な状態に近づくと、最も生産性が低い土地まで耕され、新たなテクノロジーが誕生することもなく、土地の生産性は枯渇していく。リカードによると、静止状態では「救貧法」が国家破綻の原因になるという。

だが、もし万が一我が国の進歩がより緩慢になったのなら、もし万が一われわれが静止状態に到達したならば(この状態から、われわれはまだはるか遠くにいると私は信ずるが)、そのとき、これらの法律の有害な性質はより明瞭かつ脅威的になるであろう。そしてそのときには、また、その撤廃は多くの困難の増加によって妨げられるであろ

▼14 収穫逓減の法則
他の生産要素の投入量を一定としたとき、一つの生産要素の投入量を増大させることにともなう生産量の増分(限界生産力)は当該生産要素投入量の増加とともに減少するという経験法則。限界生産力逓減の法則ともいう。この法則が成立するときには、生産を増加させるのに必要な投入量が逓増するため、(限界)費用が逓増する。つまり、収穫逓減の法則と限界費用逓増は表裏の関係にある。一七六〇年代に重農主義者のチュルゴーによってはじめて主張され、マルサス、リカードらの古典派経済学者によって定式化された。

▼15 リカード『経済学および課税の原理 上』羽鳥卓也・吉澤芳樹訳(岩波文庫、一五三ページ)。

う（▼15）。

　リカードはマルサスとは異なる。リカードの分析が、農業分野の技術進歩（＊17）を考慮に入れていないという理由から不充分であるとしても、静止状態の到来を先延ばしにさせることを狙った、リカードの主立った経済学的な忠告は正しい（当然ながら、彼の社会的ダーウィニズムは除く）。これについては後述する。農業食料品価格の現在の高騰には、確かにリカード的な側面がある。

◉エネルギーの枯渇と〈成長の限界〉――ジェヴォンズの衰退主義

　スタンレー・ジェヴォンズ（▼序章-3）は、限界効用理論（▼16）の創始者の一人として、経済科学史に名を残している。しかし、彼の名が世間でよく知られているのは、著書『石炭問題』（一八六五年）のなかで、イギリス経済が、安価ではあるが枯渇のおそれのある石炭に依存していると分析したことによってだ。この意味において、彼は経済思想史のなかで特異な地位にある。というのは、限界学派（創始者としてはジェヴォンズのほか、カール・メンガー、レオン・ワルサス）は、永続的な経済成長は可能だ

＊17　経済成長分析に技術進歩が本格的に統合されたのは、それから一世紀半後のロバート・ソロー（▼第2章-7）の多大な貢献による。

▼16　限界効用理論
一八七〇年代にウィリアム・スタンレー・ジェヴォンズらによって体系化された理論。さまざまな財（モノやサービス）を一単位追加して消費ないし保有することにより得られる効用の増加を「限界効用」と呼ぶ。たとえば、米への支出を一〇〇〇円増やすことで得られる効用が、コーヒーへの支出を一〇〇〇円減少させたときの効用の減少より大きければ、コーヒーへの支出を減らして米への支出を増加すべきである。

という、よいしらせをもたらすと同時に、経済学からその根幹にある土地を切り離したからだ。

一九世紀の急速な産業化を目のあたりにした彼らは、土地を経済成長の限界要因とみなさなくなった。つまり、生産量を同じペースで増加させ続けるためには、（一定不変である規模の経済法則にしたがって）資本を人口と同じペースで増加させればよいと考えたのだ。

資本の増加が妨げられる要因はみあたらない。というのは、資本は人類によってつくられるものだからだ。これは古典学派のいう静止状態からの脱出である。しかし、限界学派にとって、一人あたりの所得（生活レベル）は相変わらず静止状態だった。というのは、生産量が人口と同様に増加するならば、住民一人あたりの生産量は変化しないからである。

属していた限界学派の楽観主義と訣別したジェヴォンズの業績は、生産の限界要因を土地以外にみいだしたことにある。しかしながら、それは資本ではなく、ストック（鉱物資源）だった。資本は、かぎられた量しか生産できないが、毎年、再生可能である。だが、ストックが枯渇するというジェヴォンズの見通しは、古典学派とは異なる、さらに陰鬱な未来の到来を告げた。すなわち衰退である。

ジェヴォンズは、技術革新や石炭に代替するエネルギー源の発見が、イギリス経済の暗い運命を救うとは考えていなかったのだ。

現在、国家繁栄の黎明期にあるわれわれは、次第に正午へと近づいていくだろう。ところがわれわれは、自国の数百万の人々との約束である、夜になる前に返済しなければならない道徳的、社会的な債務の返済を開始できる状態からは程遠いのである（＊18）。

ジェヴォンズが著書の第七章で語る「ジェヴォンズのパラドックス」からは、地球の住環境が悪化していく過程が理解できる。すなわち、石炭などの天然資源を、テクノロジーを駆使して効率よく利用しても、資源の消費量は減らないどころか、かえって増加してしまうというパラドックスだ。

天然資源の消費量は、テクノロジーの加速度的な進歩によって爆発的に増加する。なぜなら、技術革新の加速が、その資源を利用する際の費用を引き下げるからだ。つまり、天然資源を消費する際の費用が減少するので、結果的に天然資源の総需要は増え、経済システムが衰退するま

＊18　スタンレー・ジェヴォンズ『石炭問題（*The Coal Question*）』第二版（一八六六年）の序文。

での時間が短くなるのだ。すなわち、「経済システムは、われわれのおもな資材の価値と効率性を引き上げる。つまり、われわれの富と生活資料は際限なく増加するので、われわれの人口、生産、交換は、拡大する。このような経済システムは、現在では称賛に値するが、人類の終焉を予想以上に早めることになるだろう」。

しかしながら、ジェヴォンズの直感に分析的な枠組みが与えられたのは、一九二〇年代から三〇年代になってからである。人類の経済活動が資源の枯渇や環境におよぼす影響は、ホテリング(▼17)、ラムゼイ(▼18)、ピグー(▼19)らの研究などによって、その分析基盤だけが整備された。要するに、二〇世紀初頭において、経済学という社会科学は、資源の希少性の問題と資本主義の発展形式の問題をすでに統合していたのである。

そうではあるが、人口、産業化、生活資料の生産、公害、天然資源の枯渇の等比的な増加と拡大に懸念を抱くことによって、ジェヴォンズの命題を本当に有名にしたのは、ローマクラブから委嘱されたMIT(マサチューセッツ工科大学)の研究者チーム(*19)がまとめたメドウズの報告書『成長の限界』(一九七二年)である(▼20)。そのおもな結論は二つある。

一つめは、さきほど述べた五つの等比的な増加と拡大が継続するなら

▼17 ハロルド・ホテリング(Harold Hotelling, 1895–1973)
米国の経済学者。一九三一年発表の論文「枯渇性資源の経済学」で知られる。

▼18 フランク・ラムゼイ(ラムジー)(Frank Plumpton Ramsey, 1903–1930)
イギリスの数学者、哲学者、経済学者。短い生涯のなかで、「ラムジーの定理」など今日なお重要とされる理論を多く打ち立てた。

ば、地球は二一世紀半ばには、成長の限界に達するだろうという結論である。

二つめは、長期にわたって持続的で、経済的かつ環境的に安定した状態をつくりだすことができるのならば、破綻を回避することは可能だという結論である。つまり、「ワールド3」というシミュレーション・プログラムがはじき出した一二のシナリオのうち、最もひどい結末をもたらす「成長と崩壊」というシナリオは回避できるだろうという結論だ。

ここでいう持続性は、各人の基本的な物質的欲求が満たされ、各人がその潜在力を完全に発揮するための機会がきちんと与えられる、という考えにもとづいている。しかし、メドウズの報告書は、人口と資本の増加を減らし、長期的な均衡状態においてこれらを不変に保つ以外に持続的な解決策はない、と結論づけている。動態的であろうとするMITの研究者の分析（彼らが使用する情報プログラムは、「システムの動態的理論」にもとづいている）が批判の対象にしたのは、科学の発展やその応用によって天然資源の枯渇問題は解決されると考える「テクノロジー楽観主義」である。

▼19　アーサー・セシル・ピグー（Arthur Cecil Pigou, 1877–1959）イギリスの経済学者。ケインズ経済学を真っ向から批判し、「古典派最後の経済学者」と称される。一九二〇年の『厚生経済学』で知られる。

＊19　陣頭指揮をとったのは、ドネラ・メドウズとデニス・メドウズである。

▼20　ドネラ・H・メドウズ他『成長の限界――ローマ・クラブ「人類の危機」レポート』大来佐武郎監訳（ダイヤモンド社、一九七二年）。

われわれが抱えるすべての問題はテクノロジーによって解決されるというテクノロジー信奉により、われわれの注意が問題の本質からそれてしまうおそれがある。すなわち、経済成長は有限性のあるシステムという枠組みのもとでおこなわれるべきなのだ。そしてまた、テクノロジー信奉のせいで、われわれはこの問題に対して適切な措置をとることができなくなる。

要するに、この報告書は皮肉なことに、メドウズの意図とは相反するかたちで、環境問題の解決策として、前述の「マルサスの罠」への回帰を推奨したのである。

その三〇年後に出版された『成長の限界——人類の選択』(＊20)では、著者らは「現在は一九七二年時点よりさらに悲観的な状況にある」と述べている。しかし同時に、彼らは結論部分をかなり変更した。すなわち、「持続可能な社会に向けた包括的な移行は、人口減少や産業活動の縮小がなくても可能だろう」という。このような楽観的なヴィジョンが示されたー方で、地球の住環境の悪化への懸念はこれまで以上に強まっている。メドウズの報告書の独創性やおもな説得力の一つは、一九七二年以

＊20　ドネラ・H・メドウズ他『成長の限界——人類の選択』枝廣淳子訳（ダイヤモンド社、二〇〇五年）。

▼21　パウル・ヨーゼフ・クルッツェン (Paul Jozef Crutzen, 1933–) ノーベル化学賞を受賞したドイツ人大気化学者。オゾンホールの研究でよく知られている。

降、社会経済システム全体の崩壊を促進させるおそれのある「公害指数」を明示してきたことだっただけに、そのような結論は皮肉なことだ。

◉〈人新世〉の地球環境の悪化――温暖化と資源の枯渇

ノーベル化学賞受賞者のパウル・クルッツェン(▼21)と藻類学者のユージン・スターマー(▼22)によると、人類は「完新世」〔地質時代区分において、最終氷期が終わる約一万年前以降、現代まで続く時代のことを指す〕とは異なる新たな地質時代に突入したという(＊21)。彼らはこれを「人新世〔アントロポセン anthropocene〕」と呼ぶ。この時代がはじまったのは、一八世紀末ごろではないかとみられている。氷河で実施した調査結果によると、これは大気中の温室効果ガスの濃度が上昇しはじめた時期と重なる。つまり、ワットが蒸気機関を発明した時期である〔一七八四年〕。人類は産業革命によって「地質学的な影響力をおよぼす存在」になったのだ。人類は今後、数千年さらには数百万年にわたって、そのような存在であり続けるのだろうか。人新世〔アントロポセン〕における原動力は、人類の活動なのである(＊22)。

ＩＰＣＣ〔気候変動に関する政府間パネル〕が二〇年間にわたってまとめ

▼22　ユージン・スターマー
(Eugene F. Stoermer, 1934–2012)
米国の藻類学者。今日の地質学会において議論されている「人新世(アントロポセン)」という時代区分を、一九八〇年代初頭よりいち早く提唱した。

＊21　Paul J. Crutzen and Eugene F. Stoermer, "The 'Anthropocene'," *International Geosphere-Biosphere Programme Newsletter*, 41 (May 2000), pp.17–18.

＊22　気候変動〔地球温暖化〕は、「人類による」自然作用や生物多様性のように語ることができる。つまり、気候変動は人類の活動によって決定されるということだ。

上げた報告書のおかげで、現在では、気候変動〔地球温暖化〕の深刻な事態に対する認識が、ほぼ国際的なコンセンサスになっている。二〇世紀後半には、温室効果ガスや大気中の二酸化炭素濃度がかなり増加し、また地球の気温が上昇したことが、九〇パーセントの確率で立証されている(＊23)。二一世紀に気温が二度を超えて上昇すると、人類の生活条件と地球上のほとんどの生態系は脅威にさらされるだろう。

ところで国連によると、人類の活動を原因とする温室効果ガスの排出量が、一九七〇年から二〇〇四年にかけて七〇パーセントも上昇したため、同じ時期に大気中の二酸化炭素濃度は増え続けたという。現在の政策に何の変化もなければ、温室効果ガスの排出は、いまから二〇三〇年までに、さらに二五パーセントから九〇パーセントも増加するだろうとのことだ。表1-2は、温室効果ガスの排出量、大気中の二酸化炭素濃度、気温の推移の関連を示している。

IPCCによると、地球温暖化を二〜三度の上昇に抑え込むためには、いまから二〇五〇年までに、地球全体の温室効果ガスの排出量を、一九九〇年の温室効果ガス排出レベルに対して五〇〜八五パーセント削減する必要があるという。そのためには、(二〇〇三年から二〇〇四年までの温室

＊23　相反する科学的な議論に配慮するため、IPCCの専門家たちは、自分たちの予測の蓋然性を加重計算している。しかし、リスクは数量化できても、不確実性はいかなる方法によっても数量化できない。当然ながら、われわれは本書でこの議論に決着をつけることはできないため、蓋然性としてこれらの意味するところを解釈していく。

表１－２　二酸化炭素排出量，濃度，気温（1860～2000年）

年	化石燃料からの CO_2 排出総量（百万トン炭素）	CO_2 濃度 *1（PPM）	世界の年間平均気温との差 *2
1860年	91	297	-0.37
1900年	534	308	-0.19
1930年	1053	324	-0.16
1970年	4077	354	-0.03
1980年	5348	374	0.1
1990年	6196	396	0.31
2000年	6981	417	0.29

＊１　京都議定書の定義による.

＊２　IPCCの定義による.

出所：欧州環境機関，二酸化炭素情報・分析センター.

効果ガス増加分の七三パーセントに責任がある）途上国は、排出量を最低二〇パーセント削減する必要があり、また（一八世紀から蓄積された排出量の七七パーセントに責任がある）先進国は、最低でも現在の排出量の七五パーセントを削減することが前提になる。

科学者が政策

責任者や市民に提示するロードマップは、きわめて明瞭だ。すなわち、断固として行動せよ、迅速に行動せよ、全体で行動せよ、である。

　すると、人類の進歩によって地球は枯渇する、と予言した者たちは、正しかったのだろうか。経済成長や生活レベルの向上をストップさせるべきなのだろうか。経済成長に対する「欲求」までも抑えるべきなのだろうか。人類は経済発展を差し控えるべきか、さらにはあきらめるべきなのだろうか。

◆有限性の経済学

有限性の経済学が掲げるおもな課題は、システム自体に対して閉じたシステムに関することである。この世界観では、消費によって地球資源は必然的に枯渇に至るか（ジェヴォンズとローマクラブ）、あるいは豊かさの絶対的な限界に至るかである（古典学派の静止状態）。これらの原則に依拠すると、衰退を回避するための解決策は二つしか思い浮かばない。

　一つめは、技術革新やグローバリゼーションによって、静止状態の出現を遅らせるという解決策だ。この解決策にはかなりの説得力があるが、

▼23 比較優位
貿易当事国間において、相対的にみてどちらの財をより効果的に生産できるかによって、双方の相対的な優位性を示す。リカードは主著『経済学および課税の原理』において、資本と労働の移動が自由

人類の将来を考えると一時しのぎにすぎないだろう。というのは、技術革新や貿易の発展による技術的な効率性の向上は、結局は再生不可能な資源の枯渇という壁にぶつかり、その一方で、不可逆的な被害については考慮しないからだ。つまり、地球全体に影響を与える取り返しのつかない被害のことである（たとえば、気候変動や生物多様性の破壊）。

二つめは、非常に長期的な展望からみた解決策である。しかし、これは特権階級のユートピア的発想にもとづく解決策だ。すなわち、資本主義経済システムでは、深刻な道徳的退廃が生じたとしても、人類の「絶対的要求」はすべて満たされるだろうと考えるのだ。そして、消費競争は終息し、「相対的欲求」を満足させようとがんばるのはむなしいことだといずれ感じるようになる。

リカードは明らかに、（少なくとも部分的には）一つめの解決策を思い描いていた。リカードは『経済学および課税の原理』（一八一七年）の第七章において、このことを証明している。リカードは、彼の最も有名な証明である、比較優位（▼23）の原則を定義するために、アダム・スミス（▼24）の絶対優位（▼25）の理論を超えると同時に、静止状態を回避するための中期的な客観的解決策を提示した。

ではない二つの国が、それぞれ比較優位をもつ財の生産に特化し、貿易によって相互に交換すれば、貿易当事国は双方とも利益を得、より多くの財を消費でき、国民的労働を節約できるとする「比較生産費説」を提唱した。

▼24　アダム・スミス
（Adam Smith, 1723–1790）
古典派経済学の始祖として著名なイギリスの経済学者、哲学者。主著『国富論』（一七七六年）において、個人の利己的行為が、神の見えざる手に導かれて人類の幸福を実現すると論じた。

▼25　絶対優位
国家間の競争力の比較において、価格の水準で比べ、低価格生産ほど競争力があるとみなす考え。

肥沃な土地は枯渇を避けられないが、リカードによれば、貿易によって枯渇を遅らせることができるという。

貿易により、工業生産性が高い国は、土地の肥沃度において比較優位を保つ国の農業製品を輸入することができる。

しかしながら、これは枯渇の進行を遅らせるだけである。なぜなら、同じことが農業製品輸出国においても起こるからだ。もちろん、とりわけポール・サミュエルソン(▼26)の業績などにより、貿易理論は洗練されたものになった(＊24)。ただし、最も重要なのは、リカードのメッセージが健在であるということだ。過去一五年ほどの間に、グローバリゼーションによって、これまでになく多くの国々が持続的に経済成長をとげたことを、今日、否定できる者がいるだろうか。しかし同時に、まさにこの経済成長は、一次産品や農業製品価格の高騰が証明するように、天然資源(蓄えと在庫)の利用を激化させたことも否定できないだろう。

有限な世界において、みずからに対して閉じた経済成長プロセスを思い描く経済システムでは、せいぜい天然資源が枯渇する時期が先送りさ

▼26 ポール・サミュエルソン
(Paul Anthony Samuelson, 1915–2009)
米国の代表的な経済学者。ケインズ経済学と新古典派経済学を総合する新古典派総合の理論を確立する。著書『経済学』(一九四八年)は長らく近代経済学の基本的教科書とされてきた。一九七〇年にノーベル経済学賞を受賞。

＊24 「貿易理論の美人コンテストのようなものを実施すれば、優勝するのは間違いなく比較優位埋論だろう」とポール・サミュエルソンは記している。

れるだけだ。すなわち、静止状態や衰退の訪れは、時間的に先送りできるものの、解決不可能である。

　では、二つめの長期的でユートピア的な解決策はどうだろうか。この基本原則は、客観的経済メカニズムではなく、むしろ道徳的で急進的な政策を選択する。つまり、物質的な発展を断念するのだ。ケインズ(▼27)が「孫の世代の経済的可能性」(＊25)のなかで展開した議論から、この選択肢が意味するところが定義できる(＊26)。

　リカードの静止状態よりも陰鬱でない静止状態を、ケインズとともに想像してみよう。つまり、これは経済問題が終わった状態である。生産性の向上と資本の増加という、妥当と思われる仮定にもとづく簡単な計算によって、われわれの孫たちは自分たちの八倍は豊かになるであろうと予測したケインズは、この人類の豊かさの向上により、われわれの子孫たち全員の絶対的要求は満たされるはずだと考えた（絶対的欲求の定義は、「他者の状況とは関係なく、われわれが強く感じる欲求」である）。このような物質的に豊かな状態において、相対的欲求（社会的優越感を満たそうとする欲求）を満足させようとするのは、この時点では「よい暮らし」に反するため、すぐに精神的な病気とみなされるだろう。

▼27　ジョン・メイナード・ケインズ(John Maynard Keynes, 1883–1946)
イギリスの経済学者。マクロ経済学を確立させた二〇世紀における経済学の最重要人物。

＊25　ケインズ「孫の世代の経済的可能性」（一九三〇年）、『説得論集』（一九三一年）所収。邦訳は『ケインズ説得論集』山岡洋一訳（日本経済新聞出版社、二〇一〇年）ほか。

＊26　次を参照のこと。Jean-Paul Fitoussi, « La fin de l'histoire (économique) », *Revue de l'OFCE*, n° 102, été 2007.

そこでケインズは、次のような論理的な結論を下す。「将来的には、経済は人類の永遠の課題ではない」。すなわち、人類は「経済以外の目的のために自分たちのエネルギーを費やす」術を学ばなければならないときがくるのだ。

だが、それは明らかに困難だろう。そのためには、われわれは資本主義を成功に導いた神経症的な習慣を拭い去る必要があるからだ。ケインズが相対的欲求の満足(*27)と結びつけようとした「貨幣愛」は病理である(*28)。物質的欲求がすべて満たされる世界において、差別化を図る競争に参加するのは、成熟していない精神性だけでなく、よい暮らしから程遠い状態にあることの証だ。

だからこそケインズは、自分たちの不足(満たされない相対的欲求)をより高尚な理想に昇華させることができる人々だけが、新たな楽園への道筋をみいだすだろうと語ったのだ。ケインズがその到来を予見した豊かな時代は、実際には、大勢の人々のもとにはすぐに訪れず、まずは「ごく一部の幸せな人々」だけのものだった。すなわち、次のような人物たちのことだ。

＊27　この点について、ケインズは明快だ。

「二番目の欲求カテゴリーに属する、優越感を満たしたいというわれわれの欲求〔相対的欲求〕は、実際にはいつまでたっても満たされることがないだろう。(……)だが、絶対的欲求については、このかぎりではない。絶対的欲求が満たされることにより、われわれは経済以外の目的に自分たちのエネルギーを注ぐことを好むようになる時期が、(われわれが想定するよりも、おそらく早い時期に)訪れるのではないか」。

＊28　ロバート・スキデルスキー〔イギリスの経済学者、歴史学者〕は次のように述べている。

「ケインズは、貨幣愛という病理について、フロイトの影響を受

（……）生き続けることができ、そして、より高度な完成に到達するまで、生きることにかけて自分自身のために磨きをかけ続けることができる人物、存在するために自分を売り渡すことがない人物、豊かさを達成したときには、豊かさを享受することができる人物であろう。

「教育あるブルジョワ」、ならびにイートン・カレッジ（▼28）の出身者、そしてブルームズベリー・グループ（▼29）のメンバーらが、（経済学の）歴史が終わった後に、ケインズが考えた新たな地上の楽園で暮らす、最初に選ばれた人物になるだろう。彼らは、奢侈な財、高等教育、理解、芸術愛などを手に入れる特権をもっていた。というのは、彼らには、それらを手に入れる財力と、それらを評価する時間的な余裕があったからだ。

彼ら以外の「特技のない普通の人々」が、自分たちにも権利のある新たな自由を十全に享受するためには、自身の力で這い上がる必要がある。最初に楽園に到達した人々を最後に、楽園の扉が閉じてしまうわけではないが、楽園で暮らすのは、やはり最初に到達した人々である。それでも、豊かな世界では、時間の経過とともに、すべての人口を包み込むま

けている。とくに、それはフロイトのいう肛門期性格や潜在意識のメカニズムなどと関連がある。フロイトのおかげで、ケインズはその著書『平和の経済的帰結』のなかで、資本主義の犠牲をともなう性格の理解について、はじめて考察することができた。このなかで、経済的進歩の代価は、〈複合した利益〉のために〈楽しむという芸術〉を犠牲にした〈超過利潤をもつブルジョワ階級〉の文化的な歪みだとみなしている」。（R. Skidelsky, *John Maynard Keynes*, vol.2, *The Economist as Saviour*, Londres, Macmillan, 1992.）

▼28　イートン・カレッジ
一四四〇年創設の歴史ある英国一の名門校。男子全寮制で、一三歳から一八歳までの生徒が学ぶ。

で、エリート階級の人数は徐々に増加していく。

ケインズのユートピアは、その貴族的な本質において、今日では「成長なき経済」、さらには経済を衰退させることを提唱する人々のユートピアと合流する。そして、彼らの論証には、社会正義を要求する人々からの同じ批判が浴びせかけられる(＊29)。おそらくわれわれは、自分たちの祖父母よりも「平均して」一〇倍は豊かだろう。しかし、所得分配やあらゆる種類の不平等についてはどうだろうか。一九二〇年代から三〇年代のイギリスでは、ほとんどの国民の生活は、その半世紀前にチャールズ・ディケンズ(▼30)が描いたような暮らしぶりだった。今日においても、フランス国立統計経済研究所（ＩＮＳＥＥ）がフランスの貧困人口を八〇〇万人と見積もっているにもかかわらず、人類の進歩のために経済活動を減速させることなど、想像できようか？

要するに、有限性の経済学が提起する課題に対するリカードやケインズの解決策は、あまりにも悲観的であると同時に、あまりにも楽観的であろう。

リカードの理論は、科学技術の進歩の動態に対する信頼が充分でなく、逆に、自然資本〔生態系や諸資源〕の劣化や再生不可能な資源の枯渇をそ

▼29 ブルームズベリー・グループ
二〇世紀前半のイギリスに存在した、知識人や芸術家が集った私的なサークル。ケインズや小説家のヴァージニア・ウルフらもそのメンバーであった。

＊29 ケインズの観点へのさらにくわしい批判は、次を参照のこと。J.-P. Fitoussi, "The End of (Economic) History," in Lorenzo Pecchi and Gustavo Piga (ed.), *Revisiting Keynes: Economic Possibilities for Our Grandchildren*, Cambridge (Mass.), MIT Press, 2008.

▼30 チャールズ・ディケンズ (Charles John Huffam Dickens, 1812–1870)
ヴィクトリア朝時代のイギリスの小説家。おもに下層階級を主人公

の枠組みに組み入れていない。

ケインズは「貨幣愛」の昇華にしか解決策をみいだしていない。貨幣愛の昇華によって、エリート階級の共産主義が拡大していくと考えたのだ。人類の本当の発展（つまり文化的な発展）は、最初はかぎられたエリート階級だけに訪れ、やがて知性が民主化されることによって拡大していく――。たしかに高潔な夢ではあるが、それでもやはり、これは欲望の抑圧にもとづいた考えだろう。

それらの解決策は、現代の議論に寓話的なかたちで反映されている。リカードは、市場経済とそれが生み出す技術進歩、さらには環境を絶対的に操ることを信奉する考えの創始者だ。一方、ケインズはより大きな連帯を信条とする考えの創始者である。この連帯により、経済発展を追求することなく、すでに達成した生産レベル、さらには減少させた生産レベルであっても、より最適な配分が可能だろうとケインズは考えた。

経済学とエコロジーとの相互作用の開放的で動態的なアプローチを定義することにより、環境問題の真の解決策を模索したのは、ブルントラント報告書（一九八七年）（▼31）だ。これは、一九八〇年代に国連に設置された「環境と開発に関する世界委員会」の『地球の未来を守るために』

とし、弱者の視点で社会を諷刺した作品を発表。いまなお、イギリスの代表的な国民的作家として親しまれている。

▼31 ブルントラント報告書
一九八四年から八七年まで国連に設置された「環境と開発に関する世界委員会」委員長であった、当時ノルウェー首相のグロ・ハーレム・ブルントラントが一九八七年にとりまとめた最終報告書の通称。正式名称は『地球の未来を守るために（*Our Common Future*）』。持続可能な発展をその中心的な理念に据え、その後の国際社会の環境政策に大きな影響力をおよぼした。同委員会についても、彼女が委員長を務めたことから「ブルントラント委員会」と通称されている。

と題された報告書である(＊30)。

将来世代のニーズを損なうことなく、今日の世代のニーズを満たす発展こそ、持続可能な発展である(＊31)。

自然環境(environment)のなかにわれわれ各人が暮らす場所がある。その同じ場所のなかで自分たちの運命を改善するためにおこなおうとする行為が開発(development)である。環境と開発は切り離すことはできないのだ。

これら二つの原則は、それぞれ本書の第2章と第3章へと導く。

＊30 この報告書の名前は、これをまとめ上げた委員会の委員長を務めたノルウェー初の女性首相、ブルントラントの名前にちなんで命名された。

＊31 この定義により、現在の世代の福祉を、数世代先の福祉と切り離すことはできない。これについては後述する。

第2章

二つの時間の矢——動態経済学

人類の進化の分析、つまり「本当の」動態経済学の枠組みについて、われわれはまったくの無知である。われわれよりも先にこれを考察した人々の見方が誤っていると思うのであれば、それは、われわれが彼らよりもうまく不確実性の正体を暴いたからではなく、彼らの理論基盤に改善の余地があると感じるからだろう。

第1章で述べた経済学者たちの理論には、二つの「間違い」があるのではないだろうか。一つめは、科学の進歩を過大に信奉するという「間違い」である。しかし、これはもしかしたら、間違いというよりは進化に関する機械論者の見方に原因があるのかもしれない。つまり人類は、経済プロセスの影響がつねに可逆的であると思いたいのだ。経済成長のそのような運動アプローチは、とくに熱力学など、経済学や物理学のプロセスを特徴づける、多くの不可逆性には触れていない。これについては後述する。

二つめの「間違い」は、人類と自然は調和していたとする仮説だ。す

＊1 （たとえ、そのような知的観点を受け入れるとしても）停滞だけでエコロジー問題を解決することはできない。ニコラス・ジョージェスク＝レーゲンが指摘するように、フローを生み出すために

なわち、自然こそが重要であり、人類の経済活動によって自然は毀損され、最終的には破壊されてしまうという仮説だ。この考えにもとづくと、自然を保全するための最適なバランスを模索して、調和のとれた人類の真の発展を実現しなければならないであろう。だが、そのときのバランスは停滞となるだろう(*1)。ところで、人類の経済活動がなければ、自然は静止状態になるという考えは正しいのだろうか。

「ビッグバン」から人類誕生までの間、自然はまったく変化しなかったのだろうか。さらに、ヘーゲルの弁証法では、人類発展のプロセスのもう一つの不可逆性である知識の蓄積が強調されているが、そのことについては、二つめの間違いでは触れられていない。

人類は、ニコラス・ジョージェスク＝レーゲン(▼1)であれば「身体外的な手段」と呼ぶであろう道具をつうじて、自分たちの欲求に自然をうまく順応させようと模索しているのではないだろうか。筆者らが主張する動態経済学は、それら二つの不可逆的なプロセスを同時に考慮することにより、その分析領域を定義する。

はストックが必要だ。すなわち、資源から毎年のように一定の生産量を生み出せば、ストックはいずれ枯渇するだろう。

▼1　ニコラス・ジョージェスク＝レーゲン
(Nicholas Georgescu-Roegen, 1906–1994)
ルーマニア生まれの経済学者、数学者、統計学者。一九四八年、米国に亡命。生物経済学を構築した一九七一年の『エントロピー法則と経済過程』(高橋正立他訳、みすず書房、一九九三年)で知られる。他の邦訳書に、『経済学の神話――エネルギー、資源、環境に関する真実』小出厚之助他編訳(東洋経済新報社、一九八一年)。

動態的枠組みで論証する必要性を理解するために、人口増加の問題について考えてみよう。国連が最近まとめたデータをみると、マルサスの法則が実際にあてはまるだけに憂慮される（表2-1）。

◆人口増加と技術革新

人口増加率は一九七〇年より減少したとはいうものの、二〇二〇年時点においても世界の人口は毎年およそ一四〇〇万人も増加するという。そして人口密度は、今日から二〇五〇年までの間に二五パーセント（途上国では三〇パーセント）も上昇すると予測されている。

ハーバード大学の経済学者サイモン・クズネッツ（▼2）は、人口統計学上の大きな懸念についてきわめて重要な議論を提起した（＊2）。世界人口の増加によるプラスとマイナスの面に疑問を感じたクズネッツは、人口の増加によってGDPは低下するのではなく、上昇したのではないかと考えた。そして生活レベルの向上、つまり（第1章においてマディソンが膨大なデータから再現した表1-1と同様に）一人あたりのGDPさえも上昇したことに着目した。クズネッツの議論の重要な点は、人口の知的構成に

▼2　サイモン・クズネッツ（Simon Smith Kuznets, 1901–1985）
ロシア帝国領ウクライナ生まれの米国の経済学者、統計学者。計量経済学に大きな変革をもたらし、ケインジアンのマクロ経済理論の発展に大きく寄与した。『諸国民の経済成長――総生産高および生産構造』西川俊作・戸田泰訳（ダイヤモンド社、一九七七年）ほか邦訳書多数。

＊2　Simon Kuznets, "Population Change and Aggregate Output," in *Demographic and Economic Change in Developed Countries*, Princeton, N.J., Princeton University Press, 1960.

表2-1　人口の動態（1950～2050年）

期　間	世界の人口平均増加率（%）	世界の人口増加数（百万人）	期末時点の世界の人口密度（人口/km²）	最も発展した地域の人口密度	最も低開発な地域の人口密度
1950～55年	1.78	47.1	20	16	23
1970～75年	1.94	75.4	30	20	37
1990～95年	1.54	84.8	42	22	55
2005～10年	1.17	78.3	51	23	68
2020～25年	0.88	68.6	59	24	81
2040～45年	0.45	40.4	66	24	94
2045～50年	0.36	33.06	68	23	96

出所：国連経済社会情報・政策分析局人口部『世界人口予測』2006年版，『世界都市化予測』2005年版（http://esa.un.org/unpp）.

関する仮説だ。

人口の〇・〇五パーセントが天才、一パーセントが才能あふれる人物、一〇パーセントが物事や原理、発明を担う優れた潜在能力をもつ人物と仮定しよう。

すると、人口の増加によって労働者一人あたりが使用できる資本量が減少しないかぎり（いいかえると、資本労働比率が不変ならば）、人口増加によって一人あたりの所得は増えるだろう（＊3）。

ここで重要なのは、クズネッツが指摘した人口比率の仮定が現実と一致しないという点ではなく、クズネッツのモデルが動態的であるという点だ。つまり、知的動態こそが人口統計学的な呪縛を善に変えるという点である。

経済成長は、有用な知識ストックの増加次第で変化する。私の仮説の枠組みでは、人口は新たな知識を生み出す人の数と比例して増加していくので、有用な知識ストックは、少なくとも比例的に増加す

＊3　クズネッツは、このシナリオにおいて強力な補足的仮定を前提条件に据えている。すなわち、人口が増加するにつれて、経済の拡大に良好な「環境」を発展させ、これを維持するために、貯蓄率が低下しないことと、人々の研究能力が充分に高いという前提条件である。

るはずだ。したがって、一人あたりの経済成長は、少なくとも前期と同様の数値を示すはずだ。新たな知識によって生産性が増加すると仮定すれば、（……）人口の増加は一人あたりの生産量の増加に大きく寄与するだろう。

しかしながら、クズネッツは自分の論証の弱点を隠しはしなかった。彼によると、この論証は「低開発国という定義からして」、物的資本のみならず、人的資本の明らかな不足に苦しむ国々にはあてはまらないという。さらにクズネッツは、それらの国々の社会構造には、新たなテクノロジーの潜在力を充分に受け入れる能力がないと強調した。このような尊大で悲観的な見方は、今日では廃れたと思われる。

ハーバード大学の労働経済学の専門家リチャード・フリーマン（▼3）は、新興国はテクノロジーをまたたく間に吸収すると指摘している。たとえば、中国では一九九九年から二〇〇五年にかけて、中等教育の学位保有者が五倍に増えて四〇〇〇万人になった（＊4）。二〇一〇年代をとおして、中国は米国よりも多くの博士号取得者や科学技術者を「生産」していくことだろう。

▼3　リチャード・フリーマン（Richard B. Freeman, 1943–）米国の労働経済学者。国際的な労働基準や犯罪の経済学、労働運動へのインターネットの影響など、さまざまな観点からの著作多数。一九七〇年代に登場した高学歴のベビーブーマー世代を「過剰な教育を受けた米国人」と呼ぶなど、著名人として積極的にオピニオンを発信している。

＊4　Richard B. Freeman, "The Great Doubling: The Challenge of the New Global Labor Market," transcript of the 2005, *Usery Lecture in Labor Policy*, University of Atlanta, G.A. 8, April 2005. Monograph, 2005.

しかも、新興国のこのような発展によって、世界的規模での再配分効果が生み出されることは明らかだ。すなわち、これらの国々を勘定に入れると、二〇〇〇年時点において（これらの国々がこの年にグローバリゼーションに統合されたと仮定して）、貿易に参加する世界の潜在的な労働人口は、それまでの一四億六千万人から二九億二千万人になる（フリーマンの「大いなる倍増」という考えは、ここから登場した）。つまり、世界的規模では、資本労働比率は不変どころか、グローバリゼーションの拡大によって六〇パーセントも下落したのだ。

クズネッツによれば、彼の理論の二つめの限界は、先進国では、天然資源や物的資本の供給に制限があるだけでなく、経済・社会システムがそれらの変化に対応できないことに原因があるという。つまり、先進国の人口が急増すると、社会制度を調整するための猶予期間が不足し、人口増加がもたらす潜在的な善を完全に破壊するおそれがあるというのだ〔人口の増加に社会的インフラの整備が追いつかない〕。

ここでもまた、一九四五年以降のヨーロッパにおける復興の経験（人口急増の時代）が参考になる。ヨーロッパは、一九四五年から一九七五年にかけてインフラが整備され、教育制度が確立されながら発展をとげて

＊5　少なくとも、主流の議論を信じるならば、クズネッツが完全に間違っているわけではない。サミュエルソン（▼第1章-26）が指摘するように、貿易理論において、人口の増加がどこで起きようが、貿易に参加するすべての国に同じ影響がおよぶためには、資本が国家間で移動可能であればよい。社会制度を順応させる必要性や、グローバリゼーションに対する人々の「不合理な」反対に関する現在の政治議論は、多くの経済学者に引きつがれているが、これはクズネッツの懸念を反映しているように思える。

いった。そうした公共政策の拡大は、一人あたりの所得を増加させたのだ。したがって、クズネッツの理論が正しいとはいえない（＊5）。

こうした限界にもかかわらず、クズネッツの論証は否定できない。すなわち、人類の発展プロセスは、知識の不可逆的な増加によって得られるのだ。数量経済史（＊6）の専門家ロバート・フォーゲル（▼4）は、人類が二〇世紀に死亡率を減少させるために発揮した能力を表現する際に、「テクノ・フィジオ」〔テクノロジーと人体器官の相乗作用〕の進化という、奇抜な考えを表明した（＊7）。つまり、人類の進化は生物学的であり続けるが、これまで以上に遺伝的になるというのだ。

フォーゲルによれば、この進化プロセスは、過去三〇〇年間、とりわけ二〇世紀にしかあてはまらないという。このプロセスにおいて、人類の体格の改善、生命力の増加、重要な働きをする体内器官の機能の向上による慢性疾患の減少にともない、死亡率は低下した。「テクノ・フィジオ」進化が意味するのは、人類は、自分たちの環境への支配力を高めたため、現在では他の動物種だけでなく、「前世代のホモ・サピエンス」とも一線を画したということだ。

人類はみずからの体質さえも変化させたのである。だからこそ、人類

＊6　数量経済史とは、経済史と数量経済を目的にする経済学の研究分野である。

▼4　ロバート・フォーゲル（Robert William Fogel, 1926–）米国の経済学者。シカゴ学派。経済理論と数量的手法の適用によって経済的、制度的変化の解明を目指す経済史の革新的研究をおこない、数量経済史という新分野を開拓した。一九九三年、ノーベル経済学賞受賞。

＊7　Robert W. Fogel, "Catching up with the Economy," *The American Economic Review*, vol.89, no.1 (March 1999), pp.1–21.

の発展は、動態経済学において分析する必要があるのだ。このことを証明するために、機械論経済学のモデルをふりかえってみよう。

◆時間の不可逆性——機械論経済学の限界

古典学派は、自然を物理学モデルのようにとらえた。さらに、近代的分析の最初の道具は、経済プロセスにおける（農地という意味での）土地の役割を観察することだった。ところが、天然資源の問題はすぐに研究分野から締め出され、およそ一世紀半にわたってほとんど忘れ去られていた。なぜなら、経済学者は、経済学という科学をニュートンの機械論に似せて成立させたかったからだ。

経済学者が本格的に自然を研究対象とするようになったのは、一九六〇年代から七〇年代にかけてのことであった。これは、一九五二年にウィリアム・パーレー（コロンビア大学）によって設立された環境問題を専門的に扱う史上初のシンクタンク「RFF（Resources for the Future）」（＊8）のメンバーや、ニコラス・ジョージェスク＝レーゲン、K・ボールディング（▼5）、H・デイリー（▼6）など、ごく一部の経済学者の発意によるも

＊8　RFFでは環境問題を経済的に分析した研究をおこなっている。RFFは現在、排出権市場や環境規制など、多くの分野を研究対象にしている。RFFのインターネット・サイトを参照されたい。(http://www.rff.org/Pages/default.aspx)

▼5　ケネス・ボールディング (Kenneth Ewart Boulding, 1910–1993)
イギリス生まれの米国の経済学者。経済学を社会システム全体のなかでとらえる観点を打ち出した。「宇宙船地球号」の概念を経済学に導入するなどエコロジー論における業績でも知られ、平和運動にも取り組んだ。邦訳書多数。

のだった。

しかし、最も近代的な経済成長に関する経済理論においてさえ、自然をその「制限要因」（あるいは代用できない「限界性のある要因」）（＊9）として扱うことに、いまだに多くの困難がある。

まず、その原因の一つは、重農主義理論からの影響だ。重農主義は、土地だけがその価値以上のものを生み出すことを前提にした理論であり、一般に考えられている以上に影響力をもち続けている。しかし、国家の歳入増加は人口と資本ストックの増加によって促される無際限のプロセスであるという考えを、次世紀の人々に吹き込んだのは新古典学派（第1章で言及した限界学派）の論証だった。

新古典学派の見解では、生産性減少の法則が作用しないようにするためには、投資を賄うための貯蓄、つまり資本ストックを増加させるだけでよい。産業分野では、労働人口と機械設備を倍増させれば、生産量は倍増する。ところが、生産量は人口と比例して増加するが、生活レベルは停滞する。

古典学派の場合と異なり、新古典学派にとっての制限要因は、もはや土地ではなく人口となる。産業革命や先進国での飢餓の終焉によって、

▼6　ハーマン・デイリー（Herman Edward Daly, 1938–）
米国の経済学者。国際エコロジー経済学会の創設者の一人であり、一九八八年から一九九四年には環境部門シニア・エコノミストとして世界銀行に所属。ローマクラブの研究報告『成長の限界』（一九七二年）の理論的支柱となるなど、持続可能な発展を指向する分野に大きな影響を与えた。邦訳書『持続可能な発展の経済学』新田功他訳（みすず書房、二〇〇五年）。

＊9　この概念はニコラス・ジョージェスク＝レーゲンによる。N. Georgescu-Roegen, “Fixed Coefficients of Production and the Marginal Productivity Theory,” in *The Review of Economic Studies*, vol. 3, no.1 (October 1935), pp.40–49.

農産物の価格や不動産のレント(▼第1章-13)を高騰させることなく、土地は増え続ける人口を養うことが可能だと証明されたのだ。さらに、この制限要因は相対的である。というのは、人口は増加するからだ。つまり、人口増加のペースにあわせて資本が増加するならば、国の生産量は人口の増加ペースにあわせて増加する。よって、リカードの考えとは逆に、土地はわれわれの子どもたちにも一定の果実をもたらすはずである。すなわち、経済は、経済成長率が人口増加率と等しいので、一人あたりの所得は停滞するという「定常状態」になる。

ロバート・ソロー(MIT)(▼7)の決定的な貢献は、一九五〇年代に実質的な労働力の「拡大」の要因として技術革新を加えたことだろう。この時点から、生活レベルは無際限の成長をとげることができるようになった。要するに、制限要因である土地から解放されたため、人口増または技術進歩、あるいはその両方が継続するのであれば、新古典学派の経済成長は途切れることがないのだ。

まず、このような機械論的な経済学モデルの障害は、時間の概念にある。機械論的な経済システムは線型であり、このシステムの外部にある

▼7　ロバート・ソロー
(Robert Merton Solow, 1924–)
米国の数理経済学者。MIT(マサチューセッツ工科大学)経済学部教授として、ポール・サミュエルソンとともに戦後のマクロ経済学の主流を築いた二大巨頭。古典派経済学の成長モデルの研究と、経済成長に関するソローモデルの構築で知られる。

変数としての時間が、それ以外のすべての変数の軌道を決定する。たとえば、人口と資本が年率二パーセントの割合で増加すれば、一世紀後の生産量は七・五倍になり、二世紀後には五六・二五倍になるだろう。逆に、その時点から二世紀をかけて人類が同じ年率で人口と資本を減少させれば、生産量は元の状態に戻る。このシステムにおける時間の概念は、継続的かつ一定的であり、変質することなく経過する。このような時間の概念は、「数学的な絶対時間は、外的な事物とは無関係に、それ自体で一様に流れる」というニュートンの定義を想起させる。

人類にとっての時間は、ルクレティウス〔古代ローマの哲学者〕の定義により近い。

時間自体は存在しないが、過去に起こったこと、現在のこと、これから起きるだろうという時間が流れる感覚は、出来事から生じる。時間そのものを意識することは、誰にもできない。時間自体は、事物の動きや、事物の静止状態とは関係ないと考えられる（＊10）。

＊10　André Comte-Sponville, *Pensées sur le temps*, Paris, Albin Michel, 1999.

不可逆的な影響をおよぼす変化を研究するのが動態経済学である。

地質学を考える必要などまったくないと考える船乗りのヴィルフレド・パレート(▼8)のような類推は間違っている。つまり、海洋の海岸線が経済生命と同じくらい頻繁に変化するのなら、船乗りといえども、地質学を頭に入れておくべきだ(＊11)。

環境問題の中核にある、それらの永続的な変化から生じるのが不可逆性である。なぜなら、機械論モデルが想定するように、われわれは自分たちがおこなったことを取り除くために歴史を逆行できるのなら、不可逆性を心配する必要などなくなるだろう。

変化にはつねに質的な側面があるのだ。現在のところ、それを理論化することはできない。だからこそ、われわれの目指す本当の動態経済学では、不変的な尺度としての時間ではなく、われわれの進化を決定する、ある種の質的な急変に注目するのだ。動態経済学では、歴史的な厚みを研究する。つまり、不可逆性がわれわれわれの研究対象になる。

▼8 ヴィルフレド・パレート(Vilfredo Frederico Damaso Pareto, 1848–1923)
イタリアの経済学者、社会学者、哲学者。一八九六年に、社会全体の富の八〇パーセントが二〇パーセントの富裕層に集中し、残り二〇パーセントの富が八〇パーセントの低所得者に配分されていると論じ、これは「パレートの法則」と呼ばれる。

＊11 Fitoussi and N. Georgescu-Roegen, "Structure and Involuntary Unemployment," in Edmond Malinvaud and J-P. Fitoussi, *Unemployment in Western Countries*, Londres, Macmillan, 1980.
変化や新しさの出現により、個人の選択領域は変化する。よって、経済主体は船乗りのように海洋の

海岸線が不変だと仮定することはできない。

*12　前註(*11)の文献を参照。

*13　この点に関するさらに詳細な分析については以下を参照。ニコラス・ジョージェスク＝レーゲン『経済学の神話――エネルギー、資源、環境に関する真実』小出厚之助他編訳（東洋経済新報社、一九八一年）。

*14　合理的期待学派の創始者であるロバート・ルーカスが経済学者たちに託した科学研究プログラムは、正確にいえば、一般的な統計資料を作成するための「機械論に類似した経済学」を構築することである。

◆エントロピーの法則と時間の矢

研究対象が部分的あるいは短期的な場合や、そのような期間を対象にするため、経済活動と環境の相互作用、つまり不可逆性を無視してもよい場合に、われわれが最も頻繁に利用するのが「機械論的な動態経済学モデル」である。このモデルは、これまで非常に役立ってきた。今後も、われわれの論証の首尾一貫性を検証するための方法論的な段階では、このモデルを利用しなければならないだろう(*12)。

しかし、われわれは機械論の利用によって最も重要なことを見失う。これが本書の骨子である(*13)。なぜなら機械論では、運動や潜在的エネルギーという概念を構築するためには、質量、速度、位置を把握しさえすればよいからだ。その結果、機械論はすべてのプロセスを、エネルギーの配分における移動や変化としてとらえる。

ところが、自然科学の質量保存とエネルギー保存の法則では、移動によっては量的にも質的にも変化は生じない。経済プロセスが機械論と類似するものだけならば(*14)、その結果として、経済プロセスは、環境を構成する物質やエネルギーに何の影響もおよぼすことがないだろう。すると、人類の経済活動は、人類を取り巻く世界から完全に分離されてしまう。なぜなら、機械論的な世界での経済活動では、質的に不可逆的な変化はまったく生じないからだ〔機械論と動態の区別をヒューリスティックな方法〔試行錯誤や実験などをつうじて問題解決をはかる手法〕で理解するための簡単な例を挙げる。時計の針をふたたび動かすには、手巻き式の時計ならネジを巻けばよい。だが、電池式時計では事情は異なる。というのは、電池式時計は限定された資源の利用を意味するからだ。この意味で、手巻き式の時計は、文字どおりネジを巻くことができるので時間に依存しないが、電池式時計は時間に内包されている。つまり、枯渇性資源が減少していく時間である。経済生命がこの二つのどちらの「メカニズム」に似かよっているかは、おわかりだろう〕。いいかえると、機械論には、時間の流れを示すマーカーがいっさい含まれていない。機械論的に動く世界の環境は不変なので、われわれは機械論によって昨日と明日を見分けることができない。他の惑星からやって来た観察者は、日記をつけようともしないだろう。彼らにとって自然は不変な存在なので、彼らは地球旅行を時系列的に復元することができないはずだ。

だからこそ、ニコラス・ジョージェスク゠レーゲンは、一九七〇年代に『エントロピー法則と経済過程』(▼9)という書物のなかで、新古典学派の機械論にもとづくモデルを酷評したのだ。

経済思想史は、奇妙な出来事を目のあたりにした。すなわち、機械論を信奉する者たちのドグマの影響力が、物理学での優位性だけでなく、哲学に対しても失われた。その後、新古典学派の創始者たちは、ジェヴォンズの表現を借りると、「個人の効用性や利益に関する機械論」という、機械論と酷似する経済学を打ちたてようと企てたのである(＊15)。

ジョージェスク＝レーゲンこそ、われわれが定義した動態経済学の先駆者だろう。彼は、経済プロセスと物理学の関係を研究し、経済プロセスは自然に対して不可逆的だという理解の手がかりを、誰よりも先にわれわれに提示した。彼の分析の中核には、熱力学の法則、とりわけエントロピーの法則がある。現在では、地球は宇宙に対して開かれたシステムであることを理由に、物理学者自身がそれらの法則に異議を唱えている。しかしながら、われわれの将来を展望するにあたっては、つまり二

▼9　ニコラス・ジョージェスク＝レーゲン『エントロピー法則と経済過程』高橋正立他訳（みすず書房、一九九三年）。原書一九七一年。

＊15　前掲書、ニコラス・ジョージェスク＝レーゲン『経済学の神話』。ここでは、ウィリアム・スタンレー・ジェヴォンズ『経済学理論』（一八七一年）が参照されている。

一世紀の間は、それらの法則はさしあたり有効となるだろう。

サディ・カルノー(▼10)の熱力学(一八二四年)によって、自由エネルギーの量(機械を動かすために変換できるエネルギー)は、時間の経過とともに減少することが明らかにされた。したがって、最初にこの理論を打ちたてた人々の表現を用いると、「熱の死」がいつ不意に訪れるのかはわからないとしても、この理論は、われわれが有限性の世界で暮らしていることを教えてくれる、変化に関する時間の法則だという点は重要だった。とくに一九七〇年代に、多くの研究者が経済や社会にあてはまる「エントロピー」理論を打ちたてようとしたが、うまくいかなかった。ジョージェスク＝レーゲン自身も、そのような理論構築は根源的な分野において不確実だととらえ、有益とも望ましいとも思っていなかった。

日常的な精神の持ち主に生命の不可逆性を証明するためには、生命はつねに唯一の方向にしか進まないという、明白な事実を示せば充分であろう。だが、科学における証明は異なる。(……)古典的熱力学は、物理の分野においてさえも、不可逆的なプロセスが存在することを証明し(この証明は、正式な科学的手続きにのっとった正当性のある

▼10 ニコラ・レオナール・サディ・カルノー(Nicolas Léonard Sadi Carnot, 1796–1832)
フランスの数学者、物理学者。熱力学の祖として知られる。一八二四年、熱力学を誕生させた独創的かつ画期的な論文『火の動力、および、この動力を発生させるに適した機関についての考察』を私費で出版した。

ものである）、科学を常識とすり合わせたのである。

経済プロセスは自律したものではないので、そのプロセスでは、自然との相互作用のくりかえしによって不可逆的な影響が生じる。ジョージェスク＝レーゲンにとって重要だったのは、そういう理論を打ち立てることだった。

経済プロセスは、きわめて明確な制約に従う物質的な基盤に頑強に固定されている。経済プロセスが決まった方向にしか推移しないのは、それらの制約が原因である（＊16）。

このようにしてわれわれは、再生不可能な天然資源（石油や一次産品など）を枯渇させ、復元能力を超えたペースで環境資本（農地、水資源、海洋生物など）を利用するので、それらを質的に変化させ、さらには破壊しているのだ。

エントロピーの法則により、われわれは「時間の矢」の存在を意識する。われわれは将来世代に対して、自分たちが前世代から受けついだ状

＊16　N. Georgescu-Roegen, *Analytical Economics: Problems and Issues*, Cambridge, Londres, Harvard University Press, 1966.

態よりも悪化した自然を、そしておそらく将来世代の欲求を満たさない自然を、彼らに遺贈することになるのではないか。

さらには、枯渇する天然資源ストックを利用する際に、「経済のスピード（経済成長）」が生態系の復元するスピードを超えると、生物圏など自然資本は次第に悪化し、また気候変動（地球温暖化）によって取り返しのつかない影響が生じるだろう（本書第1章を参照）。

エントロピーの法則によって、未来はただ破壊の道へと導かれ、われわれに残された希望は人類史の終焉を遅らせることだけならば、エントロピーの法則が発するメッセージはきわめて悲観的なものになるだろう（ジョージェスク＝レーゲンは、物質に対してエントロピーの法則を主張したのであり、物質もエントロピー的な漸進的悪化の対象だと主張した）。

その定義からしてエントロピーの法則があてはまらない再生可能エネルギーは、ジョージェスク＝レーゲンの見解を意味のないものへと変えることができるだろうか。現時点では、この問題に関して筆者らが知るかぎりにおいて、われわれの心配が和らぐことはない。

アフリカなど途上国における水力発電を除けば、再生可能エネルギーの生産コストはきわめて高い。世界エネルギー会議（WEG）の予測によ

▼11　バックストップ技術　現時点では経済面あるいは技術面の理由から普及していないが、枯渇性資源を利用しなくても同様の効果を生み出しうる将来有望な代替技術のこと。枯渇性資源の価格が上昇を続ければ導入が拡大すると見込まれ、バックストップ技術が枯渇性資源利用の技術を代替する価格をバックストップ価格という。逆説的に、バックストップ技術の開発（という競合相手の出現）によって、枯渇性資源の価格の高騰が潜在的に抑制されているといえる。

ると、二〇五〇年には、エネルギー需要の少なくとも二〇パーセントは、さまざまな再生可能エネルギーによって供給されるだろうという。しかし、再生可能エネルギーの供給率を二〇パーセント以上に引き上げようとすれば（三〇〜四〇パーセント）、発電設備の面積が拡大し、かなりの困難が発生するという。

いずれにせよ二一〇〇年には、さまざまな再生可能エネルギーが登場し、世界のエネルギー供給において再生可能エネルギーは重要な地位を占めていることだろう。再生可能エネルギーの将来は、いわゆるバックストップ技術（▼11）の発展にかかっている。つまり、比較的安いコストで、再生可能エネルギーを無限に生み出す技術を開発できるかどうかである。

水素経済が到来するのではないかという期待は、斬新なテクノロジーが登場するという予測にもとづいている。周知のとおり、水素エネルギーは電気と同じ二次エネルギーにすぎず、上流部門において水素を生産するための一次エネルギーが必要となる（＊17）。要するに今日、長期的な視点に立っても、われわれの経済が化石エネルギーなしで機能するとは、想像すらできない（＊18）。

ならば、人類は将来においても、エントロピーの法則からほんの少し

＊17　長期的なエネルギーの見通しについては、以下を参照のこと。J.-P. Fitoussi, *EDF, le marché et l'Europe*, Paris, Fayard, 2003, p. 155–178.

＊18　原子力エネルギーも、いずれ枯渇するウラン資源に依存している。今日われわれは、推定埋蔵量が六〇年分のウラン235しか利用できないが、ウラン238の埋蔵量は、ウラン235のほぼ一〇〇倍である。ウラン238が利用可能な資源になりうるかどうかは、今後の技術進歩次第であるといえる。

でさえも逃れようなどと考えるべきではないのか。

◆二本の時間の矢――二重の不可逆性

ヴィトーセクらが指摘した危険は根源的なものである。

われわれが地球を理解するペースよりも、われわれが地球を変化させるペースのほうが速い（＊19）。

これは人類の発展を定義する二つの時間性が不均衡であることを示している。

われわれにとって幸運なことに、エントロピーの法則だけがわれわれの歩みを支配する唯一の「時間の矢」ではない。エントロピーの法則よりも実感しにくいが、同様に決定的な威力をもつ、二本めの「時間の矢」が存在することを、クズネッツは理解していた。すなわち、知識の増加だ。

表2-2は、人類の知識の不可逆的な進歩を示している。一八九〇年

＊19　P. Vitousek et al., "Human Domination of Earth's ecosystems."

から二〇〇〇年までの、足し算や掛け算など一般的な情報処理作業（たとえば経理の分野など）に必要なコストを割り出したものである。

一八九〇年から一九〇〇年の間に電気式計算機が登場したため、史上初の大幅なコストダウンが実現した。次に、一九四〇年から一九五〇年の間にコンピュータが登場したため、二回目のコストの大幅削減が実現した。表2-2からは、技術が急速に進歩した一九七〇年代以降は、こ

表2-2　OECD諸国の情報処理コスト＊1

年	情報処理コスト＊2
1890年	19,700
1900年	8,160
1910年	3,830
1930年	2,980
1940年	1,630
1950年	30.5
1960年	1.51
1970年	0.399
1980年	0.00302
1990年	0.0000927
2000年	0.0000000729

＊1　2005年の米ドル換算で100万回計算する際に必要なコスト.
＊2　標準的な計算作業に必要なコスト（足し算や掛け算）. 1890年は手作業, 1900年から1940年までは電気式計算機, その後はコンピュータによるもの.
出所：OECD.

のコストがほとんどゼロになったことがわかる(＊20)。

二重の不可逆性が、人類の発展を特徴づけている。つまり、一方には、枯渇性資源のストックの切り崩しと、環境資源の後戻りできない非自然化があり、他方には、知識や技術進歩の蓄積がある。それらの理由から、経済学の時間には断固たる方向性がある。すなわち、資源にはエントロピーがあり、生産、組織、知識の普及などの社会的な体制には歴史があるのだ(＊21)。人間社会が形成するシステムの行方は、部分的に、それら二つの動態プロセスの間で整備される領域にある。それはあたかもハサミの二枚の刃が離れていく隔たりを思わせる。したがって、この領域において、システムを継続させるために充分な知識を自由に使えるのなら、人々が望む力強い経済成長(ならびに、これに対応する資源ストックの採取量)を決定できる。

ところが、そうした二重の不可逆性が示唆する両者の動きは同じ性質をもたないため、これら二重の不可逆性からは、完全な対称性を思い浮かべることができないのだ。蓄積という用語を技術進歩に適用するのは、おそらく適切ではないだろう。なぜなら、知識は蓄積できるが、それが蓄積効果をもつわけではないからだ。技術進歩はつねに、過去の技術を

＊20　人類の知識の不可逆性と知識を得るまでのスピードを計測するもう一つの方法は、進化論の進展具合をみればわかる。進化論により、大陸が形成されて生物が誕生して以来の、数十億年にわたる自然史(そして数十万年にわたる人類史)を復元できるようになった。この理論は、わずか一五〇年ほどの間に衝撃的なスピードで進展した。一九世紀中ごろにダーウィンとウォレスは、それぞれ独自に研究し、同じ結論を発表した。最近ではスティーヴン・ジェイ・グールドの研究がある。

＊21　さらに、知識は人的財として物質化される。ジョージェスク＝レーゲンは、彼の生産理論に関する研究において、人的財に宿る慣性的な特徴を強調した。とりわ

廃れさせる効果をもつ。したがって、技術進歩は補完的というよりも代替的な役割を演じるのである。しかも技術進歩によって生み出される技術的な応用が、同じ経済的空間において同時に起こることはあまりない。

◆希少性の壁と猶予期間

エントロピーの法則は、静態的な経済分析の対象が、時間の流れという根源的な変数をきちんと考慮した概念に置き換えられることを意味する。現代社会は、変化するシステムである。というのは、現代社会は、過去の不可逆的な活動が将来の活動に影響をおよぼすという点で、時間の経過は、システムを内部から変化させるからである。だからこそ、経済理論においては、希少性という概念に加えて、猶予期間という概念を考慮に入れるべきなのだ。

消費や物質的な満足を先延ばしにするのは、正しい行動なのかもしれない。なぜなら、待つという猶予期間をもうけることで、生産システムと自然環境との関係に思考をめぐらすことができるからだ。ここで重要なのは、エントロピー・プロセスの不確定性だ。この猶予期間中に、技

け以下を参照のこと。
Nicholas Georgescu-Roegen, "The Economics of Production," *American Economic Review*, Richard T. Ely Lecture, no.2 May 1970.
資本財は一日で生産可能だが、これが経済学的な意味で償却されるためには、それらを数年ないし数千時間、利用しなければならない。したがって、経済システムにおける物質的財の蓄積プロセスとその切り崩しプロセスとの間にも、資本財とは異なる不可逆性を生み出す根本的な非対称性が存在する。

術進歩や知識の蓄積を活用することにより、システムに最終的均衡が訪れる時期を遅らせることができる。だが、時間の流れは止まらないし、待つことにはかなりの経済的コストがともなうだろう。だからこそ、猶予期間の概念は多面的であり、それ自体が継続的プロセスと定義されるのだ。すなわち、情報、研究、（エネルギーの）節約、投資などの行為である。人類は、つねに過去と未来の狭間にいて、現在の科学を最適に利用し、また将来の科学を準備するために改良しようと模索している。猶予期間という概念は、そうした人類の熟慮する活動ともいえるのだ。

しかしながら、人類は往々にして利用可能な情報にかならずしもアクセスしようとせず、人類に与えられた猶予期間を利用しない。海洋生物資源をとりまく悲惨な状況が、このことを最も如実にあらわしている。生物種の個体数に関する情報量が増えても、世界の漁業は、ほとんどこれを利用しようとしない（表2‐3）。その結果は驚きだ。すなわち、フルに漁獲されている魚種、または過剰に漁獲されている魚種は、世界の漁業ストックの三分の二を占めている。一方で、個体数が回復を示している魚種は、全体の一パーセントにすぎない。このような状態が続けば、海洋生物資源は、これを長期的に保全する手段がみつかり、それを実行に移す前に、完全に枯渇してしまうだろう。

海洋生物資源が過剰に利用される理由は明白である。すなわち、(競争状態にある漁師という)職業にとって、待つという行為は、あまりにも贅沢なことだからだ。したがって、猶予期間の概念は、公共財として政府がつくり出し、長期的な選択を可能とする誘導システムによって実行されるべきだろう。いいかえると、猶予期間の概念は、民主主義が長く続く時間においてしか存在できないのだ。

とはいうものの、このような戦略を採用したとしても、人類が地球から離脱しないかぎり(たとえば宇宙開発など)、いつかは希少性の壁に直面する分野があらわれる。こうした分野こそが

表２−３　世界の魚類資源のストック(2005年)

漁獲圧別の内訳	比　率
あまり漁獲されていない魚種	3%
適度に漁獲されている魚種	20%
フルに漁獲されている魚種	52%
過剰に漁獲されている魚種	17%
枯渇状態にある魚種	7%
個体数が回復中の魚種	1%

出所：FAO 2007(Rapport SOFIA 2006).

最も重要なのだ。

われわれは、〔熱力学の祖である〕カルノーから次のことを学んだのではないか。すなわち、有限な世界では、自由エネルギーが限定的だが減少する。よって、システムには理論的限界がある。〔希少性の壁が〕いつ訪れるかは定かではないが、それは科学や技術の発展とは無関係だということだ。

ゆえに、われわれは、地球の生態系が変化するスピードを落とす一方で、生態系に対する理解のスピードを加速していかなければならない。自然は知識と同様に公共財なので、これを充分に「生産する」ためには、国家による介入が必要となる。よって、われわれの世界の有限性という問題を解決するための唯一の方法は、生活レベルを保ちながらエネルギー使用量を減らす技術や再生可能エネルギー技術の研究や教育、そして天然資源を切り崩すプロセスを遅らせる方法や規制を見つけ出しながら、環境保全策などに投資することによって、ハサミの刃が大きく開いた状態の維持に努めることだ。

だが、公的機関の持続的で思慮深い介入を必要とするこの戦略では、進歩は約束できず、せいぜい人類の発展を中断させないだけだろう。

エコロジーと人類の進歩を両立させるためには、環境問題の背後に、社会正義の問題が横たわっていることを理解する必要がある。

第3章

社会正義の分配——開かれた経済学

新古典派の理論の対象は、われわれが知るところの人類の活動ではなく、〝価格と量〟である。つまり、新古典学派の理論は、歴史と人間を切り捨てたのだ。だからこそ、新古典派の成長理論には、人間らしいところがまったくないことで名高いのだ。

――エドマンド・S・フェルプス（＊1・▼1）

＊1 « Théorie macroéconomique pour une économie moderne », Conférence Nobel, trad. É. Laurent et J. Le Cacheux, *Revue de l'OFCE*, nº 102, été 2007.

▼1 エドマンド・ストロザー・フェルプス（Edmund Strother Phelps, 1933–）米国の経済学者。コロンビア大学教授。ニュー・ケインジアンとして知られ、経済成長、資本理論、財政理論などマクロ経済学に貢献。期待要因や賃金契約などを分析に導入し、フィリップス曲線の理論的根拠を示した。二〇〇六年、ノーベル経済学賞受賞。

◆経済学の領域

すでに述べたように、経済の世界は、自律した閉じた世界ではなく、社会的ならびに生物学的な生命から独立した法則に支配されている。いずれにせよ、外部調整のパラダイムから生じる経済学は、その印象に反し、開かれたものなのだ。

二〇世紀初頭以来の経済学の進化をふりかえると、経済学が「名誉ある孤立」（他の学問から経済学が自律したこと）を選択した理由が理解できる。

一八九二年にアメリカ経済学会の会長にチャールズ・フランクリン・ダンバー（▼2）が選出されたのは、倫理哲学（たとえば、おなじみのリチャード・T・イリー）（▼3）からの独立を目指した経済学の初期の成功を物語っている（＊2）。一八九〇年代に「政治経済」という表現から「経済学」という名称に変わったことに象徴されるように、こうした分離にともない、経済学の学派によっては、冷静な頭脳、つまり本当の科学を打ち立てるために倫理的な議論によって導き出される「感情」を切り離そうと努力しながら、自分たちの能力を発揮できる分野に謙虚さを装ってたてこもる構えをみせたのである（＊3）。

しかしながら、経済学は二〇世紀において、謙虚さを装いつつ、社会や知的研究諸分野を征服しようとした（＊4）。社会や知的研究諸分野は、経済学によって蔑まされ、さらには経済学に吸収されるのではないかという不快感を覚えた。こうした感情は、ある意味で正しかったのである。

アクセル・レイヨンフーヴッド（▼4）は、ユーモアを交えながら次のように述べた。

▼2　チャールズ・フランクリン・ダンバー
（Charles Franklin Dunbar, 1830–1900）
米国の経済学者。アメリカ経済学会第二代会長。一八七一年、ハーバード大学初の経済学講座担当教授として招聘され、以後三〇年間にわたって経済学部の発展を主導した。銀行制度の実証的、理論的な研究で知られる。

▼3　リチャード・T・イリー
（Richard Theodore Ely, 1854–1943）
米国の経済学者。一八八五年のアメリカ経済学会創設の中心人物。一八八六年の『アメリカにおける労働運動』は、米国のアカデミズムにおける労働史研究を切り開く画期となった。

経済学者という部族は、他の部族にはできないが、自分たちだけは通り抜けることのできる障壁を、自分たちの研究分野の周囲に張りめぐらせる術を心得ている。

その障壁こそが合理的期待仮説である。

経済学は、合理的期待仮説を媒介して、政治、社会、規範など、経済学以外のあらゆる研究分野に侵入できるが、経済学者以外の部族が同じことを試みると、かなりの代償をともなう。

合理的期待仮説では、経済主体の「最適化」が前提にある(*5)。つまり、経済主体は予測される制約を考慮に入れて、最善を目指して行動する、という仮定だ。この仮説では、多面性(経済、政治、社会、さらには道徳などの面)をもつ人間が直面する課題を、機能的な制約のもとで、期待を最大化させる問題として扱うことに等しい。

この仮説は、討論を数学のように扱うのに好都合である。よって、これを利用する経済学者自身も含めて、この仮説はつねに批判の対象になっている。それらの批判には、ハーバート・サイモン(▼5)の限定合理性に関する研究や、神経科学の研究手法を借用する「計算可能性」に注目

*2　以下を参照のこと。Edward S. Mason and Thomas S. Lamont, "The Harvard Department of Economics from the Beginning to World War II, *The Quarterly Journal of Economics*, vol. 97, no.3 (August 1982), pp.383–433.

*3　「経済学の分離独立派」路線の発端は、おそらくチャールズ・フランクリン・ダンバーの次に掲げる論文と考えられる。Charles Franklin Dunbar, "The Reaction in Political Economy," first article of the first volume of *Quarterly Journal of Economics*, published in 1886.

*4　この征服の転換点は、戦後の形式化と量的テクニックの発展

する研究など、実り豊かな研究がある。

合理的期待仮説の長所は単純化にある。つまり、自由があれば、個人が自分の利益になると「判断すること」（それは個人の選好システムによって決定される）に関して、最善の行動をとらないわけがないと考えるのだ。経済学者たちの間での議論では、選択と制約の間に存在する相対的バランスが注目される。なぜなら、外部調整のパラダイムによって制約が生じるが、それらの制約は、選択を不自由にし、選択からその本質を奪い取ることさえあるからだ。

社会学者はすすんで経済学者を批判する。社会学者によると、経済学者は選択を過大視する一方で、制約には充分に配慮していないという。つまり、経済学者は不充分な決定論者だという批判である。経済学者を批判する者のなかには、選択の領域を考える経済学者の科学的な姿勢さえも疑い、これをイデオロギーが潜んだトロイの木馬なのではないかと疑う者もいる。

しかし、選択の領域と制約の領域の相対的な関係については、経済学者の間でも見解は大きく分かれている。われわれの行動に占める自由と決定できる領域は、いったいどのくらいなのだろうか。この観点から、

であろう。これにより、「近代」経済学の三つの柱が次第に確立されることになる（形式化、ゲーム理論、計量経済学）。この点については、以下を参照のこと。David Warsh, *Knowledge and the Wealth of Nations: A Story of Economic Discovery*, New York, W. W. Norton, 2006.

▼4　アクセル・レイヨンフーヴッド（Axel Leijonhufvud, 1933–）スウェーデン生まれの経済学者。米国とイタリアを中心に活躍している。邦訳書に『ケインジアンの経済学とケインズの経済学』根岸隆監訳（東洋経済新報社、一九七八年）、『ケインズ経済学を超えて』中山靖夫監訳（東洋経済新報社、一九八四年）。

経済学の理論には、一般的に考えられているほど、または多くの人々がいうほどには統一した見解があるわけではない。さらに、ケネス・アロー(▼6)が強調したように、合理性の仮定だけでは、経済学は説得力をもたない。合理的期待仮説の明白な威力は、補足的仮説を付与することだけから生じるが、その仮説は補助的ではあっても、実際には決定的な威力をもつ(＊6)。

役に立たない経済学は難攻不落の城塞のようだ、と非難する者たちもいる。だが、経済学は一般に考えられている以上に大きく開かれた学問分野なのである(＊7)。

経済学の哲学的な基盤である合理性についての議論は、われわれのエコロジーに関する討論とかなり似かよっている。意見が対立するそれぞれの立場は、選択と制約の領域が描き出す見取り図に、さまざまな座標点をもつだろう。すなわち、技術進歩の信奉者は、可能性の幅(つまり選択の幅)が無慈悲にも閉ざされているわけではないことを示す一方で、現在の制約を未来に投影する見方をする者は、衰退するという予言を唱える。

では、倫理学には何か変化があっただろうか。たとえ経済学が倫理学

＊5 J.-P. Fitoussi, *L'Enseignement supérieur de l'économie en question. Rapport au ministre de l'Education nationale*, Paris, Fayard, 2001, chap. 1.

▼5 ハーバート・サイモン(Herbert Alexander Simon, 1916–2001)

米国の経済学者、政治学者、認知心理学者。人間の意思決定過程を研究し、広範な学問諸分野に影響を与えた。大組織の経営行動と意思決定に関する研究で、一九七八年にノーベル経済学賞受賞。邦訳書『システムの科学 第三版』稲葉元吉・吉原英樹訳(パーソナルメディア、一九九九年)ほか多数。

を経済学に変えたとしても、経済学は、どのようにしてエコロジーの問題だけを取り出して提起するのだろうか。この問いに対する回答は、他の問題と同様に、経済学よりも経済学者によって意見が異なる。つまり、経済学の研究分野のその時代における規範よりも、経済学者がもつ世界観に左右されるのだ。

現在の世代の幸福と将来世代の幸福は、分析的に別物である。将来世代のことを心配せずに、現在の世代を考慮するエコロジー問題を提起するのは容易だ。たとえば、大気汚染の改善は現在の世代に資するが、これを実行するために利用される技術手段は、将来世代に有害かもしれない（たとえば、それが再生不可能なエネルギーを集約的に利用する場合）。

イタリアのナポリでのごみ処理事件（▼7）は、ここで寓話的な価値を発揮する。一九五〇年代から六〇年代の世代は、ごみ処理にかかる費用は安価だと思っていた。つまり、投資することなく、そして目の前の消費を断念することなく、ごみを処理できると考えていたのだ。その結果、二〇〇〇年代の世代は、解決にはかなりの投資を必要とする甚大な公害（ごみに埋もれた都市部での生活）を受けついだのである。

この例からも、同じ経済モデル、そして同じ社会体制の枠組みにおい

▼6　ケネス・アロー（Kenneth Joseph Arrow, 1921–）米国の経済学者。「アローの不可能性定理（一般可能性定理）」として知られる社会選択理論への貢献、一般均衡理論と価格理論に関する研究、内生的成長理論や情報の経済学などの研究により、二〇世紀で最も重要な経済学者の一人とされ、社会学や政治学など他学問分野にも大きな影響を与えている。一九七二年、ノーベル経済学賞受賞。

＊6　K. J. Arrow, « De la rationalité de l'individu et des autres dans un système économique », *Revue française d'économie*, hiver 1987.

て、将来世代に対して多かれ少なかれ公平であるためには、どのようにすればよいのだろうかという疑問が生じる。こうした場面においてこそ、経済学以外の分野に対して経済学者が抱く認識が介入してくる。経済学者の感覚は、経済学が自律したものではない以上、経済学の外で生じる。たとえば、ミルトン・フリードマン(▼8)の貯蓄理論に対しては、経済主体が永遠に生き続けるかのように振る舞うという、おかしな想定にもとづいているという批判があった。つまり、経済主体が、次世代の幸福を自分たちの幸福と同等に重要だと考える想定なのである。

◆世代間公平と世代内公平

われわれは将来世代に対して公平でありうるのかという懸念は、経済学の領域において大きく開いた二つの開口部の媒介によって導き出される。そして、それらは一般的に仮説である。すなわち、利他主義の度合いと時間選好率であり、両者は少なくとも将来世代に対する懸念について結びつきがある。

ヒューリスティックな方法〔試行錯誤や実験などをつうじて問題解決をはか

＊7　たとえば、経済学の共同体の選択理論がまさにこれに該当する。ニコラ・ド・コンドルセ〔一八世紀フランスの数学者、哲学者、政治家。社会学の創設者の一人〕からはじまり、アロー、セン(▼11)など、共同体の選択理論は、民主主義の限界と潜在能力の解明に、政治科学の学問よりもはるかに大きな貢献をもたらした。

▼7　ナポリのごみ問題
ナポリでは二〇〇七年以降、ごみ処理場不足や財政難などの要因が重なり、とくに郊外において大量の未回収ごみが路上に散乱する問題がたびたび起きている。

る手法〕での論証は簡単だ。要するに、時間を割り引く率、すなわち利率によって、将来の価値基準がつくられるのだ。利率が低ければ、将来の価値は高くなり、長期的な思考がなされるだろう。利率がゼロなら、将来価値は現在価値と等しい。そして、社会的決定の時間的見通しは無限になる。極端な場合、将来世代に大きな価値を認めるがゆえに、マイナスの利率を採用する社会も考えられよう。つまり、二〇年後に自分の子どもが八〇ユーロを自由に使えるようにするために、両親がいま、一〇〇ユーロを断念することに応じるということだ。消費割引率は、われわれが将来世代へ遺贈する環境の価値を決定するのだ。

ここで扱う消費割引率は、厳密には利率の概念と完全には一致しない。つまり、消費割引率〔以下、これをSと記す〕は、〔現在の〕社会的時間選好の利率〔A〕と、消費の増加とその効用の減少に依存するパラメーター〔B〕を足し合わせたものである〔S＝A＋B〕（＊8）。消費の限界効用の減少は、世代を経て大きくなるだけに（＊8参照）、このパラメーター〔B〕は大きくなり、消費の割引率〔S〕は大きくなる〔将来世代の幸福について心配する代わりに、現在の消費を優先する〕。われわれの子孫が、われわれが今日あきらめたものから得る効用がきわめて小さい

▼8　ミルトン・フリードマン（Milton Friedman, 1912–2006）
米国出身のマクロ経済学者。二〇世紀後半における自由主義的経済学者の代表的存在。マネタリズムを主唱して裁量的なケインズ的総需要管理政策を批判した。一九七六年、ノーベル経済学賞受賞。

＊8　ケインズが考えたように、われわれが将来的に八倍も裕福になれば、われわれが追加的な靴に認める効用は、現在のわれわれが追加的な靴に認める効用よりも小さいだろう。ケインズによれば、それはゼロだという。

のならば、なぜわれわれは今日、自分たちの消費をあきらめなければならないのだろうか。

〔ニコラス・スターン(▼9)がまとめた〕スターン報告書『気候変動の経済学』(＊9・▼10)の驚くべき結論は、部分的にではあるが、この報告の作成者がかなり低い割引率を選んだことに起因する。つまり、作成者は将来に大きな価値を認めたのである。この報告は将来に過大な価値を認めすぎだと批判されている(現在の社会的時間選好の利率をゼロ、効用の減少を測るパラメーターを1としているが、経済学者は通常3に近い数値を利用する)。だからといって、この作成者を恨むことはできない。なぜなら、人類のサバイバルに関する道徳的な考察やそれに付随する思考は、経済学の論証によってのみ成り立つものではないからだ。

したがって、経済学が自律していると考えるのは幻想にすぎない。そして、それはつねに幻想だったのである。今日、経済学が自律的ではないという事実は、環境問題において最も明快に理解できる。すなわち、エコロジー問題において、経済プロセスは当然ながら自然環境と相互交流する。この交流はたしかに相互的であり、そうした交流は、気候変動などの環境問題の解決に寄与するために、経済理論を総動員して急成長

▼9　ニコラス・スターン
(Nicholas Herbert Stern, 1946–)
イギリスの経済学者。ロンドン・スクール・オブ・エコノミクス教授、アジア研究センターのインド研究所所長。世界銀行チーフ・エコノミスト兼上級副総裁、英国大蔵省次官、経済顧問などを歴任。

＊9　Sir Nicholas Stern, *The Economics of Climate Change*, Cambridge U.K., Cambridge University Press, 2007.

▼10　スターン報告書
二〇〇六年一〇月、英国大蔵省次官であったニコラス・スターンによって発表された気候変動(地球温暖化)に関する報告書。温暖化

している環境経済学だけにかぎらない（＊10）。

現在、環境問題の討論の場には、経済学者がかならずいる。討論の場で彼らは、自然科学者と科学技術者に交じって、社会科学の視点を提示している。気候変動〔地球温暖化〕は、そうした知識連鎖の象徴的なケースだ。経済学は、人類が地球の気候を悪化させたために生じた環境問題の核心へと分析の焦点を移した。

つまり、経済分析では、川上における科学的コンセンサスの有効性について意見を述べることはできないのである。そしてまた、経済分析によって、川下における温室効果ガスの排出を制限するための手段になる各種テクノロジーの有用性について意見を述べることは、さらに難しいだろう。

しかしながら、経済分析は、生活スタイルにおよぼす気候変動の中期的および長期的な影響を測定するために利用するモデルが適切であるか否かを、経済学的な視点から判断することはできる。また、経済分析は、定められた環境目標を達成するために計画された誘導システムが、どのくらい効果的に機能するのかを語ることはできる。しかし、経済学は提案することはできても、実行に移すのは政治である。

対策が世界経済にもたらす損得、ならびにその方法と時期、目標などに対して、経済学的な評価をおこなっている。環境問題への「早期かつ強力な対策」が経済学的にみて最もコストの低い選択であるとして、国際社会が早急に温室効果ガス排出抑制などの温暖化防止対策の技術開発に取り組む必要性が主張され、国際社会に大きな反響を巻き起こした。邦訳『気候変動の経済学』は、環境省ホームページに掲載されている。
(http://www.env.go.jp/press/file_view.php?serial=9176&hou_id=8046)

したがって、経済学と自然環境との交流には、一義的ではなく、二重の意味があることを理解すべきである。つまり、経済学は環境問題の解決に利用できるが、環境問題自体が経済学の核心なのである。そしてこの両者は、社会正義の問題、つまり民主主義の問題の一部分なのだ。

国連ブルントラント委員会の報告書を別の言葉でいいかえると、持続可能な発展は、将来世代の正義の要求に応えつつ、現在の世代の要求にも応えていく発展ということになる。民主主義とエコロジーとのつながりは、最も重要な部分なのだ。

その最も根源的な理由を考えてみよう。さきほど述べたように、現在の世代の幸福は、将来世代の幸福から切り離すことができ、さらには、将来世代の費用で増加させることさえ可能なのだ。いいかえると、理論上、世代間で政治的裁定が存在するということだ。この裁定のカギの一つは社会的時間選好の利率であり、スターンと彼の研究チーム〔スターン報告書〕は、これをゼロと定めた。

政治的討論、つまり民主主義こそが、実行段階においてこの利率を決定するのだ。いまからほんの少し前のフランスは、政府当局にとって恵まれた時代だった。というのは、公共投資に適用する割引率（社会的時

＊10　環境問題に関しては、税制、排出権市場、補助金、規制、規格化など、じつに多くの公共政策がある。ヨーロッパが気候変動対策として打ち出した戦略については次を参照のこと。J.-P. Fitoussi, É. Laurent et Jacques Le Cacheux, « La stratégie environnementale de l'Union européenne », *Revue de l'OFCE*, n° 102, 2007/3, p.381–413. また、フランスの税制制度の適用については次を参照のこと。É. Laurent et J. Le Cacheux, « Grenelle de l'environnement : peut-on se passer d'une nouvelle fiscalité écologique ? », *Lettre de l'OFCE*, n° 291, 23 octobre 2007.

間選好の利率に関連した利率）は、市民社会のメンバーの間で合議決定された後に、議会において判断されていたからだ。

しかし、ブルントラント報告書に対しては、その持続可能な発展の定義があまりにナイーブにすぎるという反論がある。人々の間で利他主義がひろがるという仮説を立てられるほど、世代間の関係は単純ではない（＊11）。ところが利他主義は、現在の世代の幸福と将来世代の幸福を、置きかわるものではなく補完的な関係にあるとみなす。これは社会正義の領域である。社会正義は、世代間の利他主義の充分な条件ではないが、少なくとも必要条件であろう。それには少なくとも二つの理由がある。それらは、推測という秩序に属する理由と、制約という秩序に属する理由である。

一つめの推測という秩序に属する理由は次のとおりだ。不平等感が蔓延する社会では、人々は自己に閉じこもり、互いに衝突する傾向が強まる。そのような社会では、世代間の利他主義はほとんど登場しないだろう。アマルティア・セン（▼11）ならば「合理的な愚か者」（▼12）と呼ぶであろうホモ・エコノミクス（合理的な経済人）は、自分の幸福が他者の幸福から完全に独立していると考えるため、自身のことにしか関心がない。

＊11　この仮説の脆弱さを納得するためには、たとえば年金問題を想起すればよい。

▼11　アマルティア・セン（Amartya Sen, 1933–）インド人経済学者。ハーバード大学教授。二〇〇〇万人を超える餓死者を出した一九四三年のベンガル大飢饉という幼少期の原体験から、飢餓や貧困、不平等の問題に取り組む。分配・公正と貧困・飢餓の研究業績により、一九九八年にアジア人初のノーベル経済学賞を受賞した。『不平等の再検討――潜在能力と自由』池本幸生他訳（岩波書店、一九九九年）、『貧困の克服――アジア発展の鍵は何か』大石りら訳（集英社新書、二〇〇二年）をはじめ、邦訳書多数。

水平的公平（世代内公平）がきちんと確保されていない世界では、垂直的公平（世代間公平）を社会の懸念事項として掲げることは難しいと思われる。このことからも、自律的ではない経済学は、政治システムに対して開かれたものでなければならないのだ。

二つめの制約という秩序に属する理由は、不平等の状態に関することだ。すなわち、大きな不平等が存在すると、社会のほとんどの人々は、将来に夢を託そうと思っても、そうすることができない。日常生活の制約により、彼らは現在に閉じ込められる。

社会正義のそれらの二つの側面が組み合わさるのは、またしても政治の分野においてである。すなわち、「相違を管理することは、政治の核心部分である。つまり、平等であるべき領域と、不平等のままでよい領域を明確に区分することが民主主義の重大な責務なのだ。ところが、政治はそうした相違をうまく管理できていない。正義の規範について討議することこそ、政治の役割なのだ」（*12）。

▼12 合理的な愚か者（rational fool）

経済学は、人類をホモ・エコノミクス（合理的な経済人）として、すなわち経済的合理性にもとづき利益を増大し損失を少なくする方向に計算して行動するものとみなす。しかし、実際の人間の行動、たとえば寄付やボランティアについては経済的合理性では説明できない。そのような経済学の限界を突いたアマルティア・センによる言葉。セン『合理的な愚か者——経済学＝倫理学的探究』大庭健・川本隆史訳（勁草書房、一九八九年）を参照。

*12 J.-P. Fitoussi et Pierre Rosanvallon, *Le Nouvel Âge des inégalités*, Paris, Seuil, 1996.

◆災害の「防波堤」としての民主主義

二〇〇八年、〔世界的な穀物価格の急騰にともない〕多くの途上国において「飢餓による暴動」が勃発したが、これは気候変動〔地球温暖化〕による大災害が実際に起こった世界の姿を予兆するものだ。アマルティア・センが飢餓と民主主義の関係について打ちたてた分析は、資源の分配と民主主義の間に存在するつながりを理解するうえで、きわめて示唆に富んでいる(＊13)。センが述べるように、「飢餓は、食べ物がないのではなく、人々が食べ物を手に入れる術がないことを意味する」。センの論証の核心になる概念は、最も脆弱な人々にも「アクセス権」が付与されているのかどうか、ということだ。

センは、現況をつぶさに観察して次のような有名な結論を導き出した。

民主主義のルールを尊重する国や複数政党が存在する国では、飢餓は絶対に勃発しない(＊14)。

＊13　アマルティア・セン『貧困と飢饉』黒崎卓・山崎幸治訳（岩波書店、二〇〇〇年）。

＊14　アマルティア・セン『自由と経済開発』石塚雅彦訳（日本経済新聞社、二〇〇〇年）。

選挙制度や野党が存在する民主主義社会においては、〔政府を〕公然と批判できる自由が担保されているので、独裁体制の場合とは異なり、「飢餓の衝撃波は、政策担当者や権力者までを揺り動かす」。ゆえに、センによれば、民主主義は自然災害から人々を保護する「防波堤」の役割を担うという。このような分析が低発展国や途上国だけにあてはまると考えるのは間違いだろう。

先進国では、ホームレスは、〔仮に〕飢餓や寒さで息絶えることがなかったとしても、彼らの生活条件とつながりがある日和見主義的な病理といいうる貧困によって命を落とす。多くの先進国では、最も脆弱な人々のなかには、医療サービスを受ける権利がなかったり、公共のインフラ設備が欠如していたりするため、大災害の際に生存を脅かされる人々があらわれる。二〇〇五年八月に米国のニューオーリンズを襲ったハリケーン・カトリーナの犠牲者の大半は、ハリケーンによる暴風雨で命を落としたのではなく、ハリケーンが過ぎ去った後に、迅速かつ充分な救助活動がおこなわれなかったために亡くなったのだ。

同様にして、気候変動がもたらす災害の影響は、「自然災害」としてだけ扱うわけにはいかない。将来的にそれはむしろ人災になり、被害の度合いは、災害に遭う社会の民主主義の成熟度に左右されるだろう。

二〇〇三年の夏にフランスならびにヨーロッパ各地では、連日にわたって熱波に襲われたが、その際、医療サービスのインフラ設備の重要性が如実にあらわれた。気候変動に対する順応性は、同じ国のなかでも個人によって、また、国によっても大きく異なるものである。

ルーヴァン大学の災害および疫学研究調査センターが集計したデータによると、年間の自然災害の発生件数（洪水、干ばつ、火山噴火など）は、一九七〇年代の年間五〇回から五〇〇回へと急増したが、それらの災害の犠牲者数は、経済発展と民主主義の発展にともない減少したという。同様に、一九八四年から二〇〇四年までのデータを比較すると、人口がほぼ等しい先進国と貧困国が、同じ規模の自然災害に見舞われた場合、先進国の犠牲者は七万五千人だったのに対し、貧困国の犠牲者は九〇万人以上だった（＊15）。そして一九〇〇年以降の世界一〇大「自然災害」は、中国とインドで発生し、その半分は干ばつだった。

したがって、経済発展（economic development）と人間開発（human development）（▼13）のレベルは、いわゆる自然災害の影響を左右するパラメータなのだ。だからこそ、物質面の不平等を何としても減少させる必要が

＊15　David Stromberg, "Natural Disasters, Economic Development, and Humanitarian Aid," *Journal of Economic Perspectives*, vol.21 (summer 2007), pp.199–222.

▼13　**人間開発**
生活の質が向上することで、人々が自己の可能性を充分に発展させ、創造的な人生を築くことができる環境を整備すること。パキスタンの経済学者マブーブル・ハックが提唱した概念。「人間開発指数」の項（▼20）も参照。

あるのだ。「地球システム」（気温の変化、降水量レベル、海面レベル、異常気象、生態系、水資源）と「人的システム」（ガバナンス、教育レベル、医療、不平等、人口、社会文化的な選好、生産・消費システム、テクノロジー、貿易）との相互作用を考慮しなければ、気候変動の影響は正確に考察できないと、IPCC（気候変動に関する政府間パネル）の二〇〇七年の報告書は指摘している（＊16）。

「気候変動に順応する能力は、経済的、社会的な発展に密接に結びついているが、この発展は、社会間ならびに社会内で公平に配分されているわけではない」と国連の専門家は指摘する。たとえば、IPCCによると、アフリカで排出される温室効果ガスは世界全体の四パーセントにすぎないが、アフリカでは二〇二〇年ごろより、七千万から四億人の人々が気候変動による水不足の脅威にさらされるだろうという。

このような社会のエコロジー的不平等と闘うためには、二つの体系立った行動が必要となる。すなわち、経済的な不平等と人間存在の不平等に決然と立ち向かうことと、人類の発展の要求について正しい認識をもつことだ。

＊16　IPCC（気候変動に関する政府間パネル）の統合報告書（二〇〇七年）。

◆人口の削減か、不平等の削減か？

国連ブルントラント委員会の報告書（一九八七年）には、含蓄のある指摘がある。

（……）持続可能な発展の枠組みにおいて、公共の財産についてのきちんとした配慮がなされないのは、われわれが、国内そして国家間の経済的、社会的な正義に関して、じつに無関心だからだ。

たしかに、われわれは、市場民主主義において不平等が生じるのを避けることはできない。労働経済学者フィニス・ウェルチ（▼14）は、『リチャード・イリーの講義』のなかで次のように述べている。

経済学という社会科学は、不平等から生じる。優先事項や能力の不平等がなければ、貿易や専門化〔事業の特化〕、提携から得られる利益は存在せず、経済学という社会科学も成立しないだろう。そして、

▼14　フィニス・ウェルチ（Finis Welch）　米国の経済学者。計量経済学を専門とし、独占問題などで多くの業績がある。

（すべての経済学者は）保険の外交員に転職するのではないだろうか。いや、保証できるものは何もないため、保険を販売することさえもできなくなる（＊17）。

理論上、不平等は望ましいものでさえあるのかもしれない。個人の原初状態の多様性が何の影響もおよばさず、過去が現在や未来を決定しない世界、つまり歴史が存在しない世界では、不平等は、経済的、社会的な進歩の強大な原動力である。これは、現在の不平等が機会の平等をいかなる点においても妨げない、市場理論が完璧に機能する世界である。

そのような見地に立てば、不平等とその拡大は、社会の底上げを促し、新たな目標に向かう契機となる。しかし、もめごとのないこうした世界は、この世には存在しない。とくに天然資源の利用に関する不平等を考えると、不平等によって個人の機会が阻害されるのは明らかである。

一八四八年、ジョン・スチュアート・ミル（▼15）は、不平等の削減を強く訴えた。彼はまず、リカードをはじめとする古典学派の理論を、物質でしか人類の発展を予見していないと批判した。彼は、「経済発展の究極の目的は何か？」という疑問を投げかけた。

＊17　Finis Welch, "In Defense of Inequality," *The American Economic Review*, vol.89, no.2, Papers and Proceedings of the One Hundred Eleventh Annual Meeting of the American Economic Association (May, 1999), pp.1–17.

▼15　ジョン・スチュアート・ミル（John Stuart Mill, 1806–1873）
イギリスの哲学者、経済学者、政治学者。スミス、ベンサムらの自由主義、功利主義の伝統を継ぎつつ、社会主義、実証主義の影響を受け、独自の思想体系を構築。民主主義の弊害として「多数者の専制」を指摘するなど、さまざまな功績を残した。主著に、一八四八年の『経済学原理』（岩波文庫）、一八五九年の『自由論』（岩波文庫ほか）など。

彼の答えは、前述のケインズにつうじるものであった。すなわち、「人間性にとって最高の状態は、貧しくもなければ、これ以上金持ちになりたいという欲望もない状態であり、また、豊かになろうとする人々の努力によって、自分の足が引っ張られるのではないかと心配すべき理由がまったくない状態である」という回答だ。

ミルはケインズの「孫の世代の経済的可能性」よりも、さらに踏み込んで論証している。というのは、彼はケインズとは異なり、生産や資本の蓄積の単純な増加を糾弾し、不平等の削減を考察の中核に据えたからだ(＊18)。

生産の増大や資本の蓄積の増加にともなう恩恵に人類全体が浴することが、人口増などの要因によって妨げられるのであれば、それらの増加自体にはほとんど何の意味もない。

彼はさらに次のようにも述べた。

増加し続ける人口――ただし、彼らは豊かにも幸せにもならない

＊18　だが、ケインズは『雇用・利子および貨幣の一般理論』では、「資本主義システムの二つの際立った欠陥のうちの一つは、公平性を欠いた所得と富の分配である」と強調している。

――を養うという、ただそれだけの目的のために富や人口が無際限に増加することで土地の魅力が大きく失われるのなら、人類は必要性に迫られる前に静止状態を解決することを、私は子孫のために心から願う。

ミルがマルサスの見解の虜になっていたことは確かであり、その証拠に、彼は人口の規模を「慎重に」縮小させることを推奨している。彼の基本的な直感は正しい。すなわち、人類がたどり着く先は、不平等が許され、それが容認されてしまう状態である。したがって今後、削減していくべきは、人口ではなく不平等なのだ。

表3－1は、世界の諸地域間における経済発展の不平等が、近代の発展とともに急増したことを示している。不平等は、一〇〇〇年から一八七〇年までのおよそ九〇〇年間に四倍に拡大し、一八七〇年から一九九八年までのわずか一〇〇年の間にさらにその四倍に拡大した。

だが、この表を詳細にみると、経済発展に関する国際的な不平等のパラドックスが、ここ三〇年ほどの間に鮮明になってきたことがわかる(*19)。すなわち、国ごとの人口規模を考慮しなければ不平等は拡大を示す

*19　この点については以下を参照のこと。I. Bensidoun et A. G. Chevallier, «Inegalités dans le monde : poids et mesures», *Lettre du CEPII*, n° 242, février 2005.

表3-1　1人あたりのGDPと世界の地域間格差（1000～1998年）

地　　域	1000年	1870年	1998年
◉1人あたりGDP *1			
西欧諸国	400	1,974	17,921
西欧に新たに加わった国々	400	2,431	26,146
日　　本	425	737	20,413
アジア（日本以外）	450	543	2,936
ラテンアメリカ	400	698	5,795
東欧諸国と旧ソ連邦諸国	400	917	4,354
アフリカ諸国	416	444	1,368
世　　界	435	867	5,709
◉地域間格差			
最も裕福な地域と最も貧しい地域の格差係数	1.1	5	19
標準偏差	19	183	9,954

＊1　1990年の購買力平価で換算した実質ドル単位.
出所：マディソンと筆者らの計算による.

が、人口を考慮に入れれば不平等は縮小しているのだ。たとえば、中国だけで世界のデータは変化する。中国をデータから除くと各国間の不平等は拡大するが、中国を計算に含めると不平等は縮小する。これは大して驚きではない。というのは、中国の発展により数億人が貧困から脱出し、これが各国間の不平等を縮小させたからだ（本書補論2を参照）。

しかし、そうはいうものの、ブルギニョン（▼16）とモリソン（▼17）は、本当に重要なのは「不平等全体」の動態であることを示している（＊20）。つまり、人口で加重平均して計算された諸国間の不平等と、各国内部の不平等との兼ね合いである。彼らによると、各国内部の不平等は、一八二〇年から一九一〇年まではゆるやかに拡大し、その後、一九六〇年までは大幅に縮小し、一九九二年までゆるやかに拡大し続けたという。諸国間の不平等についても、一八二〇年から一九五〇年までは急拡大し続け、その後わずかに縮小したが、一九九二年までは高止まりの状態だったという。

不平等全体の指数は、諸国間の不平等が拡大した影響により、一八二〇年に〇・五三三だったものが一九一〇年には〇・七九九にまで拡大し、一九六〇年には各国内部の不平等が縮小したため〇・七七一にまで縮小

▼16　フランソワ・ブルギニョン（François Bourguignon, 1945–）フランス出身の経済学者。二〇〇三年より二〇〇七年まで世界銀行チーフ・エコノミストを務めた。

▼17　クリスチャン・モリソン（Christian Morrisson, 1936–）フランス出身の経済学者。開発経済学、国際経済学を専門とし、OECD、世界銀行、ILOなどの国際機関で活躍した実績がある。

＊20　François Bourguignon and Christian Morrisson, "The Size Distribution of Income Among World Citizens, 1820–1990," *American Economic Review*, September 2002, pp.727–744.

した。一九九二年にはこの二つのタイプの不平等が拡大したため、〇・八六四にまでふたたび拡大したという。

IMF（国際通貨基金）の最新のデータによると、国内の不平等はどの国においてもかなり大きく、一九九〇年からは拡大基調にあるという（＊21）。各国全体の（人口加重平均により計算された）ジニ係数（▼18・＊22）は、一九九〇年には三五・一だったが、二〇〇〇年には三七・五になった。これは現在のインドの所得不平等のレベルにほぼ等しい。最も豊かな国々では、このジニ係数は一九九〇年に三二・九だったが、二〇〇〇年には三四・六になった。一方、最貧国では三二・八から三三・四、中進国では四六・八から四七・三、低開発国では三六から四〇・二へと不平等は拡大した。

さらにミラノヴィッチ（▼19）は、二〇〇七年一二月に修正されたGDP（たとえば中国とインドは四〇パーセント、インドネシアは一七パーセント、それぞれのGDPを下方修正）を用いると、不平等全体の様相はさらに悪化すると指摘している（＊23）。人口を加重平均せずに計算された諸国間の不平等をあらわすジニ係数（一四六カ国、六一億人を対象に計算）は、二〇〇五年に五七・六だった。一方、人口加重平均により計算すると、中国抜きで

＊21　IMF, *World Economic Outlook*, October 2007.

▼18　ジニ係数
おもに所得分配の不平等さを測る社会指標。一九三六年、イタリアの統計学者コッラド・ジニによって考案された。富の偏在やエネルギー消費の不平等などの計測にも応用される。

＊22　ジニ係数により、所得分配のばらつきをゼロ（完全な平等状態。全員が同じ所得額の場合）から一〇〇（完全な不平等状態。たった一人の個人が所得全体を得る場合）までの数値であらわすことができる。ジニ係数は、国内あるいは諸国間で計算でき、各国の人口によって加重平均計算することもできる。

表3－2　2003年のエコロジカル・フットプリント

	人口 (百万人)	エコロジカル・フットプリント (global ha／人)	バイオ・キャパシティ (global ha／人)	エコロジー収支 (global ha／人)
世界	6,301.5	2.2	1.8	-0.5
先進国	955.6	6.4	3.3	-3.1
発展途上国	3,011.7	1.9	2.1	0.2
低開発国	2,303.1	0.8	0.7	-0.1

出所： Global Footprint Network.

は五九・二になる。すべての国を人口加重平均により計算すると五七・八になる。二〇〇二年の世界全体の不平等をあらわすジニ係数は六九・九だった。

三〇年来、人類の発展には不平等がしつこくつきまとっている。国連の人間開発指数（▼20）によって計測すると、一九七五年の上位二〇の豊かな国の平均値は〇・八六だった一方で、下位二〇の最貧国では〇・三三だった。したがって、両者の絶対値の差は〇・五三である。一九七五年から一九九〇年までの間、この差に変化はなかったが、一九九五年から二〇〇〇年までは〇・五五になり、二〇〇五年

▼19 ブランコ・ミラノヴィッチ（Branko Milanoviç, 1953–）フランス生まれのセルビア人経済学者。世界銀行の研究部門のリード・エコノミスト。専門は所得分布、不平等の計測。邦訳書に『不平等について——経済学と統計が語る二六の話』村上彩訳（みすず書房、二〇一二年）。

＊23 Branko Milanoviç, "An Even Higher Global Inequality Than Previously Thought," The World Bank, December 2007.

表３－３　2004年の二酸化炭素排出量

	人　口（百万人）	CO_2排出量（百万トン）	CO_2排出量に占める割合（%）
世　界	6,514.8	28,982.7	100
先進国	991.5	12,975.1	44.8
発展途上国	3,084.7	12,162.9	42.0
低開発国	2,425.5	2,083.9	7.2

出所：国連.

には〇・五四に縮まった。

最も裕福な国々と最も貧しい国々との間の人間開発に関する不平等は、ゼノンのパラドックスに登場するアキレスと亀の位置関係にそっくりだ。つまり、両者を隔てる距離は変化しないように思える。

経済成長を止める、あるいは経済を減退させることによって、それらの不平等を縮小することはできるのだろうか？　おそらく無理だろう。富の強権的な再分配、もしくは人々が自発的に富の再分配に同意する利他主義が社会に浸透すれば状況は変わってこようが、そのようなことはおよそ想像できない。

▼20　人間開発指数（ＨＤＩ）（Human Development Index）
国ごとに人々の生活の質や発展度合いを示す指標。パキスタンの経済学者マブーブル・ハックによって一九九〇年につくられ、一九九三年以降、国連年次報告のなかで各国の指数が公表されている。経済発展の状況や先進性をあらわす指標として生活の質を計っているため、先進国を判定する新たな基準としての役割も期待されている。

現在の諸国間の不平等や各国内の不正義を糾弾すれば、地球資源の消費は減らせるのか？　世界の環境破壊に対する豊かな国の責任を示す**表3-2**(▼21)と**表3-3**をみるかぎり、それは疑わしい。環境問題の解決策は、生活レベルの向上を終わらせることではなく、不平等を削減することである。つまり、人々の欲求を満たすには、これまでよりも低い経済成長でよいのだ。というのは、経済成長の大して重要ではない部分は、最も裕福な者たちが独占するからだ。そして日常の制約から解放された最も貧しい者たちは、ふたたび将来に思いを馳せることができる。

　われわれは、こうした社会正義に対する努力に想像力を加え、人間開発について再考しなければならないのだ。

◆幸福度の計測——人間開発を再考する

「経済成長は廃れたのか？」——。これは、環境経済学が専門のウィリアム・ノードハウス(▼22)と一九八一年にノーベル経済学賞を受賞したジェームズ・トービン(▼23)が、いまから四〇年も前に発した問いだ(＊24)。彼らの答えはノーであったものの、「国家の優先事項を無秩序にし、所

▼21　エコロジカル・フットプリント
人間がどれほど自然環境に依存しているかを明らかにし、地球の環境容量をあらわす指標。

▼22　ウィリアム・ノードハウス（William Dawbney Nordhaus, 1941-）
米国の経済学者。専門は経済学、景気循環論、保健経済学、環境経済学、気候変動問題、地球温暖化問題など。邦訳書に『地球温暖化の経済学』室田泰弘他訳（東洋経済新報社、二〇〇二年）ほか。

得分配を歪め、環境を不可逆的に悪化させているのは経済成長だ」と苦言を呈した。しかし、ノードハウスとトービンは、経済成長という考えやそのおもな手段をひとまとめにして捨て去るよりも、GDPを改良して「人間の幸福度指標」を作成しようと試みた。というのは、彼らによると「古典学派の静止状態がわれわれ夢想家の規範になってはならない」からだという。

一九九〇年の国連の『人間開発報告書』にも、アマルティア・センの研究を参照した人間開発の新たな考えが示された。

われわれのいう人間開発は、個人に付与される可能性の領域を拡大させるプロセスである。すなわち、健康で長生きすること、学識深いこと、きちんとした生活レベルを約束する資産を自由に利用できることなどが、基本的な要求である。さらに、政治的自由、人権の享受、自尊心がそれらに加わる（＊25）。

こうした考証により、人間開発に関する三つのおもな指数が誕生した。すなわち、①人間開発指数（HDI：平均寿命、教育、一人あたりの所得とい

▼23　ジェームズ・トービン（James Tobin, 1918–2002）米国の経済学者。投資や金融市場に関する研究でも業績を残し、投機的な通貨取引に課税するトービン税や、会社の資産と市場での評価を測る指標として知られるトービンのq理論で知られる。邦訳書に『トービン　金融論』藪下史郎他訳（東洋経済新報社、二〇〇三年）など。一九八一年、ノーベル経済学賞受賞。

＊24　W. Nordhaus and J. Tobin, "Is Growth Obsolete?," in *The Mesurement of Economic and Social Performance*, National Bureau of Economic Research, 1973.

＊25　前掲書、アマルティア・セン『自由と経済開発』。

う三つの側面に依拠する）、②ジェンダーに関する人間開発指数（ＨＤＩに男女間の不平等を加えた指数）、③人間貧困指数（金銭的貧困ではなく、ＨＤＩの側面から計測する指数）である。これらの指数は、途上国の進歩を計測するために構築されたものだが、実際には、これらの指数（ＨＤＩ）はＧＤＰと明確な相関関係にある。現在、先進国を含めた人間開発のあり方についての理解を深めながら考察することが重要なのだ。

ノードハウスとトービンの提言から四〇年、ＨＤＩの作成から二〇年以上が経過した。人間開発に関する考察や計測の手段を改善する余地は、相変わらず大きい。経済的、社会的な現象の計測と、それらの現象に対する人々の認識との間に隔たりが拡大しているため、早急に改善すべきである。世界中でこうした乖離が確認されている。これまで比較的役に立っていた統計資料は、われわれが今日において直面する問題には、あまりあてはまらなくなった。たとえば、不平等が急拡大する時代では、平均値があらわす指数に、自分の姿をみいだす者などいないのは明らかだろう。

最初に取り組むべきは、経済と社会の推移を正確に把握するために、不平等、社会保障、公共サービス（医療や教育等）、その他に関する従来の統計の枠組みを変革することだ。さらにまた、環境（大気や水資源の状態等）のような人々の幸福を決定づける現象に関しては、従来の統計手法では計測できない。

二番目に取り組むべきは、新たな統計が示す数値について、われわれが許容できる範囲を明示することだ。

三番目は、生活の質（クオリティ・オブ・ライフ）をあらわす指数の作成だ。この指数を構築しようと、数多くの研究が精力的におこなわれているが（幸福感、「潜在能力」、娯楽、自由、市民生活への参与など）、いまだに本格的なものは存在しない。幸福の計測は、政治を効率的にするために重要なので、この指数を発展させ、洗練されたものにすべきである。

以上、三つの課題を区分けして紹介したが、それらは多面的な構造になっていることはいうまでもない（＊26）。

◆開かれた経済学

今日、われわれは、経済開発と社会正義に関する現代の理論に照らし合わせて、われわれの意図を統合する必要がある。取り組むべき一つめ

＊26　この問題については以下を参照のこと。
"Commission on the Measurement of Economic Performance and Social Progress."
フランス大統領に提出された最初の覚書、二〇〇八年七～八月。
(www.stiglitz-sen-fitoussi.fr)

の最初の課題については、ダニ・ロドリック(▼24)の研究が卓越している(＊27)。ロドリックによると、経済発展は三つの「根源的」または「基本的」な要因によって説明できるという。

一つめの要因は自然環境である(国の地理的な位置や、その気候や土壌などの自然の特徴による利点あるいはハンディキャップ)。

二つめの要因は貿易である(移民を含め、市場におけるモノや資本の他国との交易)。

三つめの要因は社会体制である(経済活動に影響をおよぼす公式あるいは非公式の社会的、政治的な取り決めのように、広義な意味での体制)。

それらの根源的な力から生じる副次的で「明白な」要因は、生産要素の量的な蓄積(物的資本や人的資本)であり、生産性の向上(技術進歩の質的蓄積)である。

一人あたりの所得の動態は、明白な要因によって直接的に決定され、基本的な要因によって間接的に決定される。では、経済発展にとって最も重要な要因は何だろうか？　人類はどのようにして自分たちの繁栄を制御できるのだろうか？　ロドリックは、それらの問いに対して三つの回答を用意した。

▼24　ダニ・ロドリック(Dani Rodrik, 1957–)
トルコ出身の経済学者。ハーバード大学ケネディスクール教授。専門は国際経済学、開発経済学、国際政治経済学。

＊27　Dani Rodrik (dir.), *In Search of Prosperity: Analytic Narratives on Economic Growth*, Princeton, Princeton N. J., Princeton University Press, 2003.

一つめの回答は、地理的な環境は経済発展の「外生的要因」であるため、人類が支配することはできないが、貿易や社会体制は「部分的に内生的要因」であるということだ。

二つめの回答は、地理的な環境は貿易や社会体制に影響をおよぼし、貿易と社会体制は相互に作用しあうということだ。

三つめの回答は、社会体制は経済発展のきわめて重要な要因であるということだ（本書補論1を参照）。

社会体制と地理的な環境の関係から論証してみよう。さきほど述べたように、社会体制と自然環境との間に横たわる関係性から、環境問題の背後には社会正義の争点が潜んでいることがわかる。しかし、多くの研究により、自然環境が社会体制に対して直接的な影響をおよぼす可能性も立証されている。この点において現代の研究は、「温暖な気候は、品性の純真さを生み出す。これが順法精神をつくり出す」と熱く語ったモンテスキューの考えにつうじる。

温暖な気候や天然資源は、社会体制の質に対して、長期的に大きな影響をおよぼすかもしれない。たとえば、気候はヨーロッパ諸国の植民地政策において重要な役割を演じたと思われる（＊28）。すなわち、気象条件

＊28　Acemoglu, Johnson and Robinson in 2001, "The Colonial Origins of Comparative Development: An Empirical Investigation, *American Economic Review*, volume 91, no.5, pp.1369–1401.

が良い入植地のほうが発展をとげた（たとえば米国、オーストラリア、ニュージーランドなど）。気象条件が厳しく疫病が発生しやすい入植地では、搾取が横行した（たとえば南米、インド、アフリカのサブサハラ地域など）。

前者のタイプの入植地では、経済成長に適した社会体制の発展があった。法治国家や所有権の尊重である。後者のタイプの入植地では、先住民は支配され、入植者と結託した現地人エリートは、自分たちの権力を強化しようとした。

こうした論証は、物事をあまりにも単純化しすぎているとの非難を免れないだろう。というのは、ある現象に経済学的な論理を厳格にあてはめたところで、そうした現象は、経済学以外の合理的な要因——人間性の側面としての——から生じたのかもしれないからだ。たとえば、先住民の人口規模が小さかった入植地では、彼らを大量に殺害することで発展をとげ、先住民の人口規模が搾取できるほど大きかった入植地では、搾取が横行する植民地になったという主張も可能だろう。

では、地理的条件は経済発展の外生的要因だというロドリックの論証は正しいだろうか？　地理的な環境が外生的要因だとしても、それが経済発展を引き起こすのかは判然としない。今日の段階では、社会科学によって経済の成長や発展の謎が解き明かされたと断言することはできない。というのは、国の経験は、それぞれの国によって個別に異なり、伝統や文化、固有な人類学的システムに刻み込まれているからである。それは純粋な化学元素の結合からなる沈殿物のようなものだ。その化学元素の数、品質、配合を決めるのが国の歴史である。したがって、成功した錬金術は複雑であり、われわれはそれらの事例からきわめてかぎられた要素しか学び取ることができないのだ。

第二次世界大戦後、肥沃な土地、豊富な天然資源、温暖な気候、人的資本の豊かさなどの理由から、最も明るい将来が約束されていた国はアルゼンチンだった。だが、アルゼンチンのその後については、ご存じのとおりだ。アルゼンチンのケースでは、政治システムや社会体制に問題があったにせよ、やはり論証に際してはきわめて慎重でなければならない。さらに、さきほど述べたように、経済面の発展だけがすべての発展ではないため、経済発展と人間開発、そしてそれらの根源的で明白な個別の要因をきちんと区別しなければならない。

図3-1は、ロドリックの分析を拡大して理解するために、経済発展の明白で根源的な要因と、人間開発の明白で根源的な要因を統合して、

図３－１　開かれた経済学

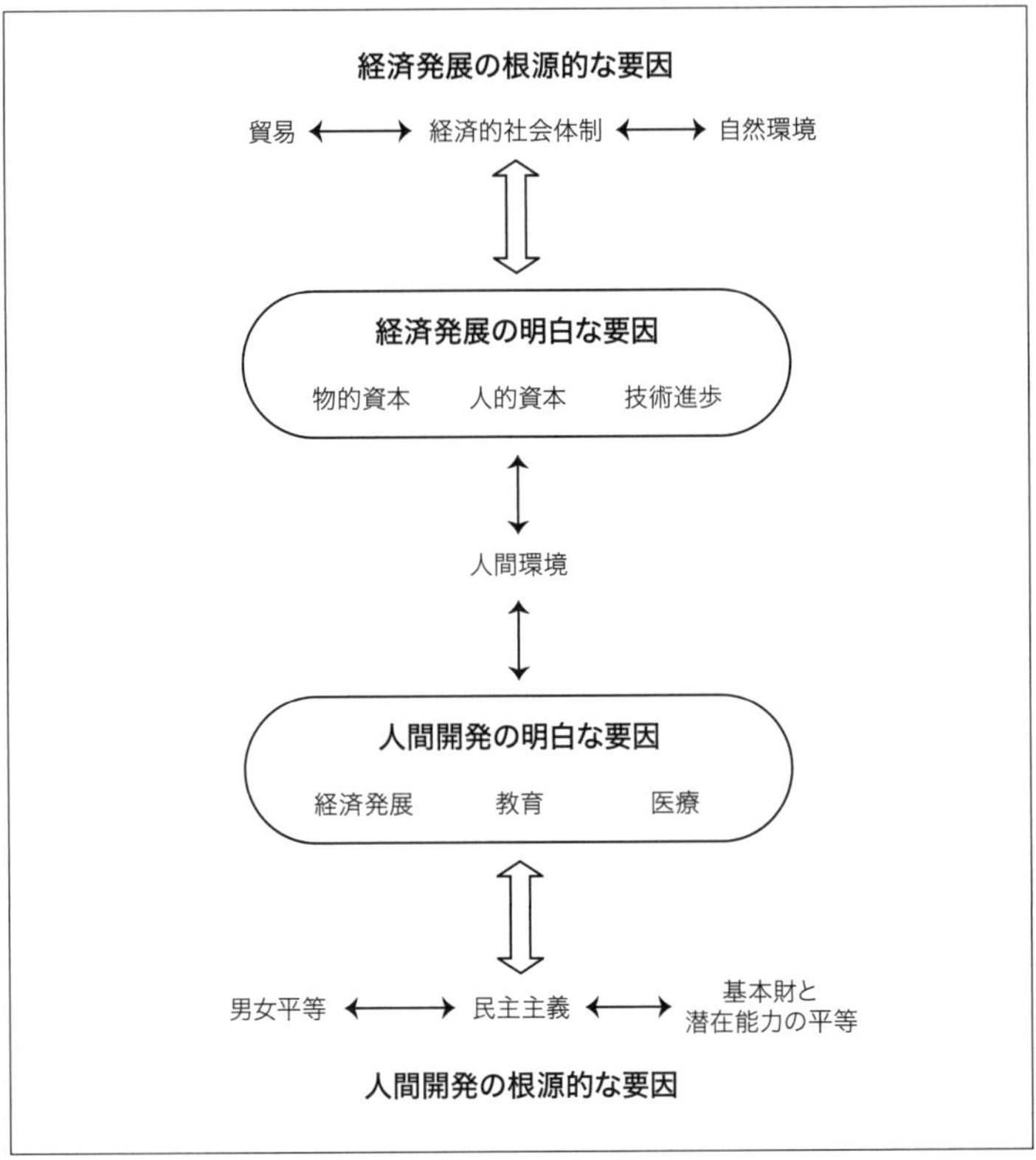
経済発展の根源的な要因
貿易
経済的社会体制
自然環境
経済発展の明白な要因
物的資本
人的資本
技術進歩
人間環境
人間開発の明白な要因
経済発展
教育
医療
男女平等
民主主義
基本財と
潜在能力の平等
人間開発の根源的な要因

われわれの分析基盤を図式化したものである（地理環境からの影響は和らげた）。この図の論理的なつながりを明確にするために、社会正義についての現代の理論を少しふりかえってみよう。

この図では、経済的な社会体制に属する部分と、民主主義に属する部分とが、はっきりと区別されている。当然ながら、これらの部分はつながりがあり、ノーベル経済学賞を受賞した計量経済史の専門家ダグラス・ノース（▼25）の定義による広義の社会体制を明示している（＊29）。すなわち、「人類の相互作用を構築する人類のためにつくり出された拘束」が広義の社会体制である。この広義の社会体制は、形式的な拘束（規制、法律、政治体制）、非形式的な拘束（行動指針、慣習、行動規範）、そして、それらの拘束を遵守させる手段（武力、法律）が含まれる。

要するに、社会体制は、社会全体を導く構造、とりわけ経済システムを定義するのだ。われわれの分析において、経済的な社会体制（経済的自由と所有権を約束するための体制）と民主主義を区分する理由は、それらが互いに自律的に発展をとげるものだと考えるからではなく、民主主義に対する要求が社会正義という追加的な側面を内包しているからである（＊30）。前述のように、社会正義はエコロジー政策に関してきわめて重要

▼25　ダグラス・ノース（Douglass Cecil North, 1920–）米国の経済学者。新制度派経済学を代表する経済学者であり、一九九三年にノーベル経済学賞を受賞。『文明史の経済学――財産権・国家・イデオロギー』中島正人訳（春秋社、一九八九年）をはじめ、邦訳書多数。

＊29　ダグラス・ノース『制度・制度変化・経済成果』竹下公視訳（晃洋書房、一九九四年）。

＊30　それどころか、経済的自由が独裁体制（一部の者たちによる専制政権）のもとで、長期にわたって永続する可能性を想像することは難しい。以下を参照。J.-P. Fitoussi, *La Démocratie et le Marché*, Grasset, 2004.

なのだ。この区分をさらに深く理解するには、ジョン・ロールズ(▼26)とアマルティア・センによる功利主義批判を、おさらいしてみる必要がある。

ジョン・ロールズは『正義論』の改訂版の序文に、「私は、功利主義によって、自由で平等な人間としての市民の基本的権利と自由をうまく分析できるとは思わない。そうはいっても、民主的な社会体制の分析は、絶対的な要求である」と記している。

ロールズは、自由に利用できて再分配可能な主要なモノを「基本財」と呼び、それらの基本財が「原初状態(オリジナル・ポジション)」を定義する際に重要だと語った。すなわち、「見えないヴェール」の背後で個人に分配される財のことだ。

ロールズ自身でさえ、『正義論』の初版(一九七一年)では、その論証には曖昧さがつきまとうことを認めている。なぜなら、基本財を単に「すべての合理的な個人が欲しがると想定されるモノ」と定義しているが、ある個人にとって「合理的な生活設計がどのようなものであろうとも必要」だとしても、それらを欲しがると想定される合理的な個人が、実際にそのように行動するかどうかはわからないからだ。

▼26 ジョン・ロールズ(John Rawls, 1921–2002)
米国の哲学者。おもに倫理学、政治哲学の分野で功績を残し、共同体主義に大きな影響を与えた。一九七一年に刊行した『正義論』で広く知られ、同書は古典的名著と位置づけられている。

後にロールズは、この疑問を解消するために、「基本財」の定義を「完全な存在として生きる、自由で平等な人間とみなされる市民が必要とするモノ」と明確にした(＊31)。

こうしてロールズの「基本財」は、政治的な要素を組み入れることにより、「思想の自由」や「意識の自由」などの「基本的自由に関する権利」を内包するようになった。さらには、「移動や職業選択の自由」、「権限や責任をともなう職務や地位に付随する権力と特権」、また「自尊心の社会的な基盤」が含まれるようになった(＊32)。

これらの基本的な要素は、「社会的な基本財」に分類される。そしてこれら以外にも、「健康」や「知性」などの「元来の基本財」が加わる。「元来の基本財」の所有には、社会の政治的な構造が「影響をおよぼす」としても、それはその直接的な「支配下」にあるわけではないので、ロールズはそれらを「元来の基本財」とみなしたのである。

ロールズの関心はこれらの「基本財」にある。なぜなら、政治的コミュニティの正義の特徴は、これらの基本財の、作為あるいは無作為の正義の分配に左右されるからである。

アマルティア・センが一九七九年に唱えた「潜在能力（capability）」と

＊31　ジョン・ロールズ『公正としての正義　再説』田中成明他訳（岩波書店、二〇〇四年）、『正義論　改訂版』川本隆史他訳（紀伊國屋書店、二〇一〇年）。

＊32　同前。

いう概念は、「機能（functioning）」という概念と不可分である。この「機能」は、「人間が、希求できるさまざまな行動、または希求できるさまざまな状態」（たとえば「満足な食事ができる」ことや「自尊心を享受できる」状態）を示し、人間の「潜在能力」は、「その人物にとって実行に移すことが可能な機能のさまざまな組み合わせ」と定義できる（＊33）。したがって、それは「さまざまな生活スタイルを送る」（＊34）という「非形式的な自由」の実質的な形式である。

この点について、センは、本人の「機能」（意志にもとづく行動）として断食を選ぶ裕福な人物の例を挙げている。この人物は、飢餓にある人と似かよった状態にみえる。しかし、満足な食事をするという可能性を含む「潜在能力全体」から断食を選択しているのだ。この人物とは逆に、充分な財力がないため飢餓を強いられる個人には、この「潜在能力」が欠如している。

したがって、潜在能力は、個人の物理的、心理的な特徴と同時に、その個人が身を置く社会的文脈にも依拠している。

よって、「基本財」や「潜在能力」による社会正義のアプローチは、二重の意味で功利主義を凌駕する。なぜなら、倫理上の「情報基盤」、

＊33　前掲書、アマルティア・セン『自由と経済開発』。

＊34　同前。

＊35　たとえば次を参照のこと。Robert Barro, "Education as a Determinant of Economic Growth, in E. P. Lazear (ed.), *Education in the Twenty-First Century*, Stanford, Hoover Institution Press, 2002.

つまり正義の規範に照らして個人の状況をきちんと評価するために必要な要素全体は、著しく拡大するからだ。さらにこの「情報基盤」は、他者に対する個人の優位性を評価する指標にもなり、それゆえ、公共政策の公平性をあらわすのにも役立つ。

今後、ロールズとセンの業績によって、基本財をできるかぎり公平に分配し、潜在能力の不平等を限界まで是正していくことを目指す社会制度が民主主義である、と定義できるようになるかもしれない。こうした社会正義は、人間開発の構成部分を改善するので、前述の理由からエコロジー的な徳がある。当然ながら、こうした社会正義により、男女間の不平等が是正されなければならない。というのは、男女平等は、発展に不可欠の強力な要因であることがわかっているからだ。

本書の補論1と補論2で紹介する、民主主義、人間開発、エコロジーの間に横たわる経験則から導き出されるつながりは、まだ法則といえる段階にはない。しかしながら最後に、民主主義、教育、研究の関係を強調しながら、近年の学術文献を手がかりにして、手短にそれらの経験則について言及しておこう。

教育と研究は、国の人材育成と技術進歩の推進に重要な役割を担って

▼27　ベンジャミン・フリードマン（Benjamin Morton Friedman, 1944–）
米国の経済学者。ハーバード大学教授。専門はマクロ経済学、金融論。邦訳書に、『経済成長とモラル』地主敏樹訳（東洋経済新報社、二〇一一年）など。

▼28　エドワード・グレイザー（Edward Ludwig Glaeser, 1967–）
米国の経済学者。ハーバード大学教授。邦訳書『都市は人類最高の発明である』山形浩生訳（NTT出版、二〇一二年）。原題が『都市の勝利（*Triumph of the City*）』であった同書において、グレイザーは、都市の発展こそが人類の進歩であると主張している。

いる。優秀な人材と技術の進歩は、国の経済発展に決定的な威力を発揮する(*35)。しかし、さきほど述べたように、教育と研究は、エコロジーに大きなインパクトをもたらす知識の進化というパラメーターにも影響をおよぼす。

民主主義と研究の間には、どのような関係があるのだろうか。ベンジャミン・フリードマン(▼27)が指摘したように(本書補論1参照)、全体主義の社会体制は、高等教育のプログラムを発展させた。たとえばその証拠に、旧ソヴィエト連邦の今日の教育レベルとその経済発展のレベルには共通点がない。しかも、そのような教育には政治的バイアスがかかっている。初等・中等教育はイデオロギー的な色合いが濃く、一部のエリートを対象とする高等教育や研究は、軍事力の強化を優先課題にする傾向がある。

ところが、ハーバード大学の経済学者エドワード・グレイザー(▼28)らによると、独裁者が実施した人材育成という「正しい政治」を用いて、貧しい国が低開発から苦労して抜け出したケースもあるという(*36)。ということは、民主的な社会制度は、経済発展プロセスの結果にすぎず、

*36 Edward Glaeser, Rafael La Porta, Florencio Lopes-de-Silanes and Andrei Shleifer, "Do Institutions Cause Growth?," *Journal of Economic Growth*, 9(3), 2004, pp. 271–303.

▼29 ピーター・リンダート
(Peter H. Lindert, 1940–)
米国の経済学者。カリフォルニア大学デービス校教授。専門は経済史、公共経済学。経済史家の立場から、不平等、福祉国家、債務危機など広範な分野で積極的な発言を続けている。

*37 Peter H. Lindert, *Growing Public: Social Spending and Economic Growth since the Eighteenth Century*, vol.I and II, Cambridge U.K., Cambridge University Press, 2004.

その要因ではないということだろうか（韓国のケースがこれにあてはまるのではないだろうか）。

これとは逆に、経済史家のピーター・リンダート（▼29）によると、民主的な社会制度の漸進的な発展によってこそ、多数の市民が発言権（声）をもつことができるようになり、これが教育政策を含む福祉国家の発展につながるという（＊37）。

タヴァレス（▼30）とワチアルグ（▼31）の経験にもとづく調査研究によると、民主主義は、所得への影響や、教育が民主主義におよぼす揺さぶり効果（教育レベルの向上により、「民主的要求」が高まる）さえもうまく制御しながら、教育システムを拡大することによって人的資本の蓄積を促すと同時に、所得の不平等を是正し、経済成長にプラスの効果をもたらすという（＊38）。

それらの論争については、本書補論1において不確実な問題を幅広い視点から検証する。

▼30　ホセ・タヴァレス（José Tavares）ポルトガルの新リスボン大学教授。専門は政治経済学、マクロ経済学。

▼31　ロマン・ワチアルグ（Romain Wacziarg）米国の経済学者。UCLA教授。

＊38　民主主義が物質的資本の蓄積にマイナスの影響をもつ一方で、公的支出のレベルにプラスの影響をもつことを含め、民主主義の経済成長に対する正味の影響が、彼らの研究ではトータルではほんの少しマイナスであるとしても、彼らの結論には変わりがない。この点については本書補論1を参照。José Tavares and Romain Wacziarg, "How Democracy Affects Growth," *European Economic Review*, 45, 2001.

終章

「文明病」を超えて——人類の幸福とアリの暮らし

人類がアリから学ぶべきことは何かという問いに対して、ハーバード大学の博物学者エドワード・ウィルソン(▼第1章-7)は、二つの答えを示した(＊1)。

答えの一つめは、アリの研究によって、生物種内の個体間における化学言語の形式がよく理解できるということだ。

二つめは、人間社会の行動指針に関することであり、人間を生きた機械に変えられるのなら話は別だが、人類がアリから学ぶべきことなどいっさいないという答えだ。「まったく何もない。ゼロである」とウィルソンは語っている。この点について、ウィルソンは次のような冗談を飛ばしている。「カール・マルクスは正しかったが、対象にする生物種を間違えたのだ」。

生物学の世界的権威の一人であるウィルソンのこの冗談は、核心をついている。人類が、みずからの欲求を満足させるために自分たちの環境にしばしば課してしまう取り返しのつかないダメージを意識するように

＊1 "The Wisdom of E. O. Wilson," Cambridge-Londres, Harvard University Multimedia.

▼1 ジェイン・ジェイコブズ(Jane Butzner Jacobs, 1916–2006)米国のノンフィクション作家、ジャーナリスト。近代都市計画を批判し、都市が多様性をもつことの重要性を説き、高速道路建設や都市再開発に対する問題提起をおこ

なるにつれて、（社会契約の思想家が思い描く歴史にしか存在しない）人間の自然状態に回帰したいという願望が強くなる。都市計画専門家のジェイン・ジェイコブズ（▼1）は、経済学自体が、自然界に存在する生産、組織、協力の形態をきちんと学習しておくべきだったと述べている（＊2）。ほぼ二世紀にわたる現代の常軌を逸した経済成長の後に到来する事態を救済するためには、「経済学の本性」を明らかにし、人間の原初社会にあった野生の叡智に立ち返る必要があるのだろうか？

われわれは本書において、人類が目指すべき方向性は、それとはまったく正反対であると述べ、その理由を説明しようと努めてきた。

人類は、みずからの近代性を受け入れ、自由と正義を渇望することによって突き動かされる知性的で社会的な生き物という、人類本来の姿を保ちながら、自分たちの環境を最適に保護し、環境と調和して生きていくことができるはずだ。人類は、自分たちの民主的な要求レベルを高めながら、政治経済学という動態システムを最適かつ直接的に制御できることだろう。

しかしながら今日、人類の進歩の歴史に逆行したいと願う人たちがいる。われわれは、この新たな「文明病」をきちんと理解する必要がある。

なった。彼女みずから反対運動の先頭に立ち、逮捕された経験ももつ。一九六一年の『アメリカ大都市の死と生』（新版、山形浩生訳、鹿島出版会、二〇一〇年）は、一九八六年の『都市の経済学』（再刊『発展する地域　衰退する地域――地域が自立するための経済学』中村達也訳、ちくま学芸文庫、二〇一二年）とともに都市計画研究の古典的作品とみなされている。

＊2　ジェイン・ジェイコブズ『経済の本質――自然から学ぶ』香西泰・植木直子訳（日本経済新聞社、二〇〇一年）。

フロイトは驚くほど現代的な用語を使ってこれを説明している。

人類は、ここ数十年の間に物理学や自然科学を発展させ、それらの技術的応用をなしとげた。つまり人類は、これまでには想像もつかなかったほど、自分たちの自然を支配できるようになったのだ。それらの進歩の特徴は広く知られており、それらを列挙しようとするだけでも気が遠くなる。

人類はこのような偉業に得意になっている。それは当然のことだろう。しかしながら、人類は、近年において空間や時間の支配、自然の力の制御などといった、過去数千年にわたって希求し続けたものが実現したにもかかわらず、期待していたようには生活の享楽の総計はまったく高まることなどなかったということを思い知ったのではないか。

したがって、人類には、これまで以上に幸せになったという感覚がない。自然を支配することは、幸福の唯一の条件ではなく、文明開化の唯一の目的でもない。だが、だからといって、われわれの幸福の「経済学」にとって、技術進歩に価値がないというわけではない（＊3）。

＊3　フロイト『文明とその不満（*Civilization and Its Discontents*）』（一九二九年）。

人類の運命は、多くの生き物の運命や地球の基本的な要素にまで影響をおよぼすので、われわれの運命に天からのお告げでもないかぎり、人類にはエコロジーに対する責任から生じる孤独感と極度な不安がつきまとうだろう。

この不安を鎮めることができるのが文明である。フロイトは、「われわれを自分たちの祖先の状態から遠ざける社会体制の成果や組織の総体が文明であり、そうした文明の目的は、人間を自然から保護することであり、人間関係を統制することだ」と語った。

民主主義にのっとった人間開発が進めば、人類やアリたちの暮らしは、今日よりも心地のよいものになることだろう。

補論 1

経済発展と自由

民主主義と発展・開発（development）に関する有効な経験則は、どのようなものだろうか。民主主義は法と自由を前提にしているが、それらは測定可能で、少なくとも評価することができる。発展・開発についても、経済発展（economic development）と人間開発（human development）を区別しながら、量的成果をあらわす指数を利用して判断可能だ。そこでわれわれは、こうしたテーマについての「経済学」の研究成果として、部分的に理論化されたものから、正確には確認されていないイデオロギー的な暗示を含むものまでが存在すると強調しておくためにも、それらを簡単に紹介しておきたい。

◆民主主義と発展・開発

学術研究に広く利用されているフリーダム・ハウスというシンクタンクが作成したデータによると（表4-1）、「自由な国」は、一九七四年

＊1　一九七四年からの詳細なデータ、定義、方法論については、フリーダム・ハウスのインターネット・サイトを参照のこと。

表4－1　自由と人間開発（1974～2005年）

年	自由な国	部分的に自由な国	民主的な選挙が実施される国	自由がない国	人間開発指数の中間値
1974年	41	48	——	63	0.619 ＊1
1980年	51	51	——	60	0.6725
1989年	61	44	69	62	0.711 ＊2
1995年	76	62	117	53	0.7235
2000年	86	58	120	48	0.746
2005年	89	58	123	45	0.772

＊1　1975年.
＊2　1990年.
出所：フリーダム・ハウス，国連.

以来、世界全体の二六パーセントから四六パーセントへとほぼ倍増した（＊1）。また、世界の国々の過半数を占める「民主的な選挙が実施される国」（六二パーセント）も、一九八九年以来、ほぼ倍増した（＊2）。それらと同時に、人間開発指数も著しく改善された（およそ二〇パーセントの改善率）。これらのことから、民主主義の進展と人間開発に

＊2　しかしながら、ガバナンスの専門家であるスタンフォード大学のラリー・ダイアモンド〔米国人政治学者〕によると、南アフリカ、チリ、ガーナなどの途上国では、経済や政治の面で脆弱であるという理由から、こうした進歩が止まる、さらには「民主主義の衰退」のリスクが生じるおそれがあるという。以下を参照。
Larry Diamond, "The Democratic Rollback. The Resurgence of the Predatory State," *Foreign Affairs*, March/April 2008.
フリーダム・ハウスによると、同じく憂慮される事態として、世界の報道の自由は一九九五年からほとんど進展がみられず、また、一九九四年から進展してきた世界の自由は二〇〇六年と二〇〇七年に二年連続して後退したという。

は、密接なつながりがあるといえるだろうか。

表4-1からは、広義の社会体制、さらには「グッド・ガバナンス」が発展において主要な役割を担うようになったことが読み取れる。だが、MITの開発経済学者ダロン・アセモグル(▼1)が指摘するように、ガバナンスには、三つの異なる社会体制が含まれる。アセモグルは、われわれが本書第3章で図3-1を説明する際に用いた類型学と似た方法によって、そのことを説明している(*3)。

すなわち、政治的な社会体制(政治的な判断の手続きや民主的な管理システム)、「国家の潜在能力」(国民に公共財を供給する国家の潜在能力)、経済的な社会体制の調整(経済主体を支援したり思いとどまらせたりする国家の役割)である。これら三つの社会体制をどのようにつなぎ合わせるべきだろうか。また、どのような社会体制が発展にとって最適なのだろうか。

世界銀行の最近の報告書(*4)では、一九五〇年から少なくとも二五年間に平均七パーセントの経済成長を記録した一三カ国の経済(中国、ボツワナ、また日本など)の成功要因を評価しているが、混乱が生じている。

この報告書の作成者たちは、「国ごとに固有なかたちの発展」など存在しないと主張する「ワシントン・コンセンサス」(▼2)に対する世論の

▼1 ダロン・アセモグル(Kamer Daron Acemoglu, 1967–) トルコ系米国人の経済学者。MIT(マサチューセッツ工科大学)教授。イスタンブル生まれ、両親はアルメニア人。民主主義が経済成長にもたらす影響などについての業績が評価されている。邦訳書に、共著『国家はなぜ衰退するのか——権力・繁栄・貧困の起源』鬼澤忍訳(早川書房、二〇一三年)、共著『世界は考える』野中邦子訳(土曜社、二〇一三年)。

*3 Douglass North, Daron Acemoglu, Francis Fukuyama, Dani Rodrik, *Governance, Growth, and Development Decision-making*, The International Bank for Reconstruction and Development / The World Bank, 2008.

批判に反論しようとしたのではないか。いずれにせよ、世界銀行の専門家たちの論証のポイントは、発展のために民主的な政府は必要なのかどうかを再考することにあったようだ。

それはつまり、「インフラストラクチャー、教育、医療などの分野に、多額の公的資金を投入せずに、急速な発展を維持した国は存在しない」という点である。このことから、報告書の作成者たちは、継続的な発展を保持するためには、「強力な政治的リーダーシップ」を前提にする「有能で信頼性が高く、決定権をもつ」政府が必要だと主張している。

研究対象になったいくつかの事例では、こうした発展をなしとげた政府が単独政権だったため、その展望は予測できた。一方、複数政党による政治の場合、妥協をともないつつも、中期的な発展に資する政策が維持された(＊5)。そしてこの報告書には、長期的な経済成長に懸念を抱く「政策に高度な知識をもつ専門家集団」の存在によっても、発展に必要な「政策の継続性」を確保することができたと記されている。

したがって、それらの最近の研究から生じる問題の核心こそがわれわれの関心事なのだ。つまり、自由を犠牲にして政治的な安定を確保するという〈民主主義の不在〉は、継続的な発展を約束する最も優れた方法

＊4　*The Growth Report Strategies for Sustined Growth and Inclusive Development*, Commission on Growth and Development, The World Bank, 2008.

▼2　ワシントン・コンセンサス
米国政府およびIMFや世界銀行などの国際機関が、発展途上国へ勧告する政策の総称。米国財務省や前記の国際機関、著名なシンクタンクが米国の首都にあることから名づけられた。市場原理を重視する新古典派経済学の理論を基盤とし、貿易・投資の自由化をはじめとする規制緩和、公的部門の民営化、政府介入の極小化などの構造調整政策を特徴とする。米国流の資本主義の押しつけであり、世界中に貧困と格差を拡大させる政策であるという批判が根強い。

なのだろうかという疑問だ。BRICs（ブラジル、ロシア、インド、中国）や多くの新興国は、政治よりも経済の面で急速に発展しているが（本書補論2参照）、こうした説得力のある実例に、論拠はあるのだろうか。

　政治経済学が専門のハーバード大学のベンジャミン・フリードマン（▼第3章-27）は、単純でゆるぎない、いくつかの経験的な要素を根拠にして、発展と民主主義とのつながりを扱う最近の研究について、きわめて明快な議論を提示している（*6）。まず、フリードマンによると、所得、法、自由の三つには強い相関関係があるという。もちろん、湾岸諸国〔産油国〕や一部のアジア諸国のように、生活レベルに比して民主化のレベルがかなり低い例外的な国々も存在する（逆に、〔西アフリカの〕マリ共和国やベナン共和国の国民には、富よりも多くの自由がある）。同様に彼は、過去二五年間の一人あたりの所得の増加は、近年になって一気に達成された自由のレベルとプラスの相関関係にあると指摘している。

　フリードマンの計算によると、ある国の生活レベルが倍増すると、自由度に関するその国の世界ランキングは、民主化が最も進んでいる国と、最も非民主的な国を隔てるランク差の六分の一ほどの改善がみられるという。このような相関関係が存在するとしても、因果関係については疑

＊5　非民主主義国、あるいは民主化がほとんど進んでいない国は、長い時間（二〇年以上）をかけてGDP成長率をきわめて低いレベルから高いレベルにまで引き上げた。それらの国の経済成長パフォーマンスには驚かされる。だが、黄金の三〇年間〔西側諸国の高度経済成長期〕を忘れるべきではないだろう。

＊6　Benjamin M. Friedman, *The Moral Consequences of Economic Growth*, New York, Vintage Books USA, 2006. この著作に掲げられている参考文献は、ここでは紹介しないが、きわめて参考になる。

問が残る。

存在する要因どうしの因果関係を詳細には解明できないが、貧困が自由を阻害するという「悪循環」に陥ることは考えられる。また逆に、民主主義が経済的な富を育み、今度はそれが自由を促進するという「好循環」につながる場合もあるだろう。

さらにフリードマンは、たとえ民主主義が脆弱であっても、所得の増加は政治的な安定を促すが、逆に所得が減少すると、急進的な政治的変化が発生しやすくなり、しばしばひどい経済危機に見舞われると指摘している。

フリードマンは、次のように総括している。

民主主義は、(……)政府が経済成長を推進する政策を打ち出したり、経済成長にブレーキをかけるような政策を避けたりする要因になっているのかは、多くの場合、あまり判然としない。

民主主義が経済におよぼす役割を断定的に語ることはできないという、このような結論は、世界銀行の「ガバナンス」の専門家ダニエル・カウフマン(▼3)のものと同様である(これについては、後ほど述べる)(＊7)。

民主主義と経済成長に因果関係があるのか否かについては、慎重に検証しなければならないが、民主主義を、所得が高い国だけの「贅沢な財」とはみなせないだろう。それどころか、ダニエル・カウフマンとアート・クライ(▼4)によると、国が豊かになっても、より良い社会体制に対する要求はかならずしも高まらないという(＊8)。すなわち、「ガバナンスなき経済成長」という現象が、多くの豊かな国で確認されている。豊かであっても民主的ではない国はたくさん存在するのだ。

ケネディ行政大学院の開発プログラムの責任者であるハーバード大学の研究者ダニ・ロドリック(▼第3章－24)によると、民主主義と経済発展との間に、世界共通の不変的なつながりはないとしても、それらの二つの側面の間には、理論的に提示でき、また経験にもとづいて証明できる四つの関係があるという(＊9)。

(1) 民主主義によって、長期的な経済成長率を予測できるようになる。
(2) 民主主義によって、外生的な経済ショックに対する抵抗力が高まる。

▼3 ダニエル・カウフマン(Daniel Kaufmann)
チリ出身の経済学者。世界銀行研究所でガバナンスについての研究を推し進めた。共著『経済成長の「質」』小浜裕久他訳(東洋経済新報社、二〇〇二年)。

＊7 カウフマンの定義する「ガバナンス」は、「伝統や国の権力が行使される基盤となる社会体制」を指す。

▼4 アート・クライ(Aart Kraay)
世界銀行の開発調査グループのリード・エコノミスト。

＊8 Daniel Kaufmann and Aart Kraay, "Growth without Governance," *Economía*, Winter 2002.

(3) 民主主義によって、短期的な経済安定性が高まる。
(4) 民主主義によって、これまで以上に高い賃金が「もたらされる」。

さらに、国内において経済成長を促す「良い社会体制」をつくり出そうとする機運と民主主義との間には、錬金術のような話ではなく、ある種の関係が存在する。すなわち、ロドリックによると、民主主義は「良い社会体制を構築するメタ（超）社会体制」と考える必要があるという。

これらの問題提起に照らし合わせて、単純だが基本的な問いを以下に三つ掲げてみよう。一つめの問いは、民主主義と（一人あたりの所得の増加という限定的な意味における）経済発展との因果関係に関する問いである。フリードマンによると、因果関係を明らかにはできないものの、自由の進展は経済発展と結びついているという。また、カウフマンをはじめとする研究者たちはさらに踏み込んで、民主主義は長期的に、生活レベルにプラスの効果をもたらすと述べている。

二つめの問いは、民主主義と人間開発（国連のさまざまな指標によって計測された指数など）との関係についての問いだ。教育と医療の面に関して、民主主義の進展と人間開発の進展との間には、つながりがあるのだろう

＊9 Dani Rodrik, "Institutions for High-Quality Growth: What They Are and How to Acquire Them," *Studies in Comparative International Development*, vol.35, no.3, Fall 2000.

か（これは、本書第3章の図3-1で紹介した、われわれの分析図が示唆することだ）。この問いについても因果関係を探る必要がある。

三つめの問いは、所得の不平等、経済発展、人間開発の関係についてである。われわれの観点では、民主主義によって不平等は削減されるので、民主主義は人間開発を強化する。これは経験的に本当だろうか。今日、開発経済学者たちは、それらの問いに加え、「グッド・ガバナンス」とエコロジー・パフォーマンスとの経験則的な関係について熱心に研究している。

国の自由度を計測する際に、データベースにとって最も重要な変数は「法の支配」である。すなわち、「法治国家」の度合いの計測だ。その計測には、少なくとも二種類の方法がある。

一つめは、法や規制の遵守だけを計測するという方法である。これは、正義や民主主義というよりも、社会的安定や法整備の調査に近い。この方法では、経済的自由の質が計測される。

二つめは、政治的権利や市民の自由を重視する方法である。いいかえると、公共政策の策定への市民の積極的な参加や、選挙民に対して政治責任を明確化させる手段を計測する方法だ。

カウフマン、クライ、マストゥルッチ(▼5)が、世界銀行のもとで作成した「ガバナンス」の質に関する指数をまとめたデータベースにより、民主主義についてのそれら二つの指標（低い自由度と高い自由度）を明確に区別できる(＊10)。

このデータベースでは、「法の支配」という指数により、契約や所有権の遵守、警察や司法に対する信頼感、犯罪や暴力が発生するおそれなど、国の社会的な規律に対する、その国の居住者の信頼感や敬意が計測できる。

また、「発言権と説明責任」（これは「被支配者の参加と支配者の責任」といいかえることができる）の指数により、自分たちの支配者を選択する際の市民の参加度合いや、表現、結社、メディアに関する自由の度合いを評価できる。

表4-2は、自由と法に関するそれら二つの見解を区分して分析している。すなわち、自由によって経済主体の安全が確保される区分と、自由によって市民の間で平等の基盤が築かれる区分である。

表4-2は、世界で最も人口の多い上位二〇カ国のデータが掲げられている。このサンプルのおもしろい点は、この表は、世界人口のおよそ

▼5　マッシモ・マストゥルッチ（Massimo Mastruzzi）世界銀行のリサーチ・アナリスト。ダニエル・カウフマンやアート・クライらとともにガバナンスに関する調査研究に携わっている。

＊10　D. Kaufmann, A. Kraay and M. Mastruzzi, *Governance Matters VII: Governance Indications for 1996–2007*. 二〇〇八年六月に発表されたこのデータベースは、一九九六年から二〇〇七年までの期間について二一二の国と地域をカバーしている。

表4-2　最も人口の多い上位20ヵ国の民主主義と発展

国	法の支配*1 -2.5 〜 +2.5	発言権と説明責任*2 -2.5 〜 +2.5	購買力平価換算1人あたりGDP*3（ドル）	人間開発指数*4	教育指数*5	平均寿命指数*6	貧困指数*7
バングラデシュ	-0.86	-0.52	2,135	0.547	0.503	0.635	40.5
ブラジル	-0.48	0.37	8,917	0.8	0.883	0.779	9.7
中　国	-0.4	-1.66	8,004	0.777	0.837	0.792	11.7
エジプト	0	-1.08	4,534	0.708	0.732	0.761	20.0
エチオピア	-0.64	-1.08	857	0.406	0.38	0.446	54.9
フランス	1.31	1.4	30,150	0.952	0.982	0.919	11.2
ドイツ	1.77	1.48	31,571	0.935	0.953	0.902	10.3
インド	0.17	0.35	3,550	0.619	0.62	0.645	31.3
インドネシア	-0.82	-0.25	4,752	0.728	0.83	0.745	18.2
イラン	-0.81	-1.33	8,441	0.759	0.792	0.754	12.9
日　本	1.4	0.91	31,865	0.953	0.946	0.954	11.7
メキシコ	-0.49	0.06	10,603	0.829	0.863	0.843	6.8
ナイジェリア	-1.27	-0.78	1,241	0.47	0.648	0.359	37.3
パキスタン	-0.82	-1.17	2,829	0.551	0.466	0.659	36.2
フィリピン	-0.48	-0.18	5,159	0.771	0.888	0.767	15.3
ロシア	-0.91	-0.87	11,904	0.802	0.956	0.667	——
タ　イ	0.03	-0.5	8,876	0.781	0.855	0.743	10.0
トルコ	0.08	-0.19	8,384	0.775	0.812	0.773	9.2
米　国	1.57	1.08	43,236	0.951	0.971	0.881	15.4
ヴェトナム	-0.43	-1.45	3,255	0.733	0.815	0.812	15.2

＊1〜3　2006年.

＊4〜7　2005年.

出所：IMF, 世界銀行.

七〇パーセントをカバーしていると同時に、さまざまな発展状況をかなり忠実に表現していることにある。なぜなら、この表では、先進国、新興国、急成長する途上国、成長の遅い途上国、非常に貧しい国が、バランスよくサンプリングされているからだ。

この表には国ごとに、さきほど述べた自由に関する二つの指数（政治的な意味での自由と、これよりは弱い意味の経済的な自由）、経済発展の動向を示す指数（一人あたりの所得）、国連の人間開発指数、一人あたりの生活レベルを除く国連の二つの指数（教育レベルと平均寿命）、そして開発レベルからみた所得の不平等を考慮した貧困指数が掲げてある。

このサンプルからは、計量経済学的な研究をおこなうのではなく、さまざまな指数の関係について考え、これまでに言及した研究に、それらの結果を照らし合わせてみることが重要だ。

そこで**表4－3**では、それらの関係の特徴（プラスあるいはマイナス）や、各指数間の線形的な相関関係の係数値（ゼロから1）が示してある。係数値が1に近づくにつれて相関関係は強まり、逆に、ゼロに近づくにつれて相関関係は弱まる。

まず、弱い意味の自由（経済的な自由）と、語義どおりの意味の自由

（民主主義）との間には、かなり強い相関関係があるが、そのような関係は、すべての国にあてはまるわけではない。たとえば、中国やヴェトナムなどの国では、法制度は比較的安定しているが、政治的な権利と自由は懸念される状態にある。

次に、自由の二つの指数は、経済発展と人間開発に対し、かなり強い相関関係にある（ここでも、それらの相関の因果関係は解明されていない）。同様に、人間貧困指数は、自由の二つの指数とマイナスの関係にある。

そして、弱い意味の自由は、強い意味の自由よりも、所得と人間開発の双方に強い結びつきがあることがわかった。

これらのことから、二つの重要な点が読み取れよう。一つめは、経済的な「グッド・ガバナンス」、つまり経済的自由は、経済発展と人間開発において中心的な役割を担うということである。二つめは、民主主義もそれらのプロセスにおいて重要な役割を担うが、それは経済的自由よりも決定力が弱いと思われることだ。

では、「グッド・ガバナンス」とエコロジー・パフォーマンスの質との間に、経験則にもとづくつながりは確認できるのだろうか。二〇〇五年に、イェール大学の環境法・政策イェール・センターとコロンビア大

表４－３　民主主義と開発（線形的な相関関係のマトリックス図）

	発言権と説明責任	法の支配	１人あたりGDP	人間開発指数	教　育	平均寿命	貧　困
発言権と説明責任	1	0.64	0.61	0.39	0.26	0.28	0.12
法の支配	0.64	1	0.79	0.52	0.28	0.49	0.19
１人あたりGDP	0.61	0.79	1	0.64	0.44	0.47	0.21
人間開発指数	0.39	0.52	0.64	1	0.87	0.85	0.78
教　育	0.26	0.28	0.44	0.87	1	0.58	0.84
平均寿命	0.28	0.49	0.47	0.85	0.58	1	0.69
貧　困	0.12(-)	0.19(-)	0.21(-)	0.78(-)	0.84(-)	0.69(-)	1

表4－4　民主主義，開発，エコロジー（線形的な相関関係）

	発言権と説明責任	法の支配	1人あたりGDP	人間開発指数	教　育	平均寿命	貧　困
ESI（環境持続可能性指数）	0.56	0.29	0.41	0.43	0.44	0.22	0.24(-)

学国際地球科学情報ネットワークセンター（ＣＩＥＳＩＮ）との共同作業によって作成された環境持続可能性指標（ＥＳＩ）（＊11）の結果を用いながら、これを検証してみることにしよう。

表4－4は、さきほどの二〇カ国における各指数とＥＳＩとの線形的な相関関係である。

この表からは、二つの重要なことが読み取れる。一つめは、「グッド・ガバナンス」と環境面の持続可能性との間には、プラスの関係が確認できるという点だ（その関係は、イェール大学とコロンビア大学の研究者によっても証明されている）。

二つめはきわめて興味深い事柄であり、きちんと確認していただきたいと思う。環境面の持続可能性と民主主義の弱い受け入

＊11　この統合指標は、数十年先の一四九ヵ国の環境保護に対する潜在能力を評価、比較するための七六項目のデータ（環境資源、公害レベル、環境政策など）をまとめ上げて二一の指数をつくり、それらを統合したものである。

図4－1　「発言権と説明責任」と136カ国の環境持続性

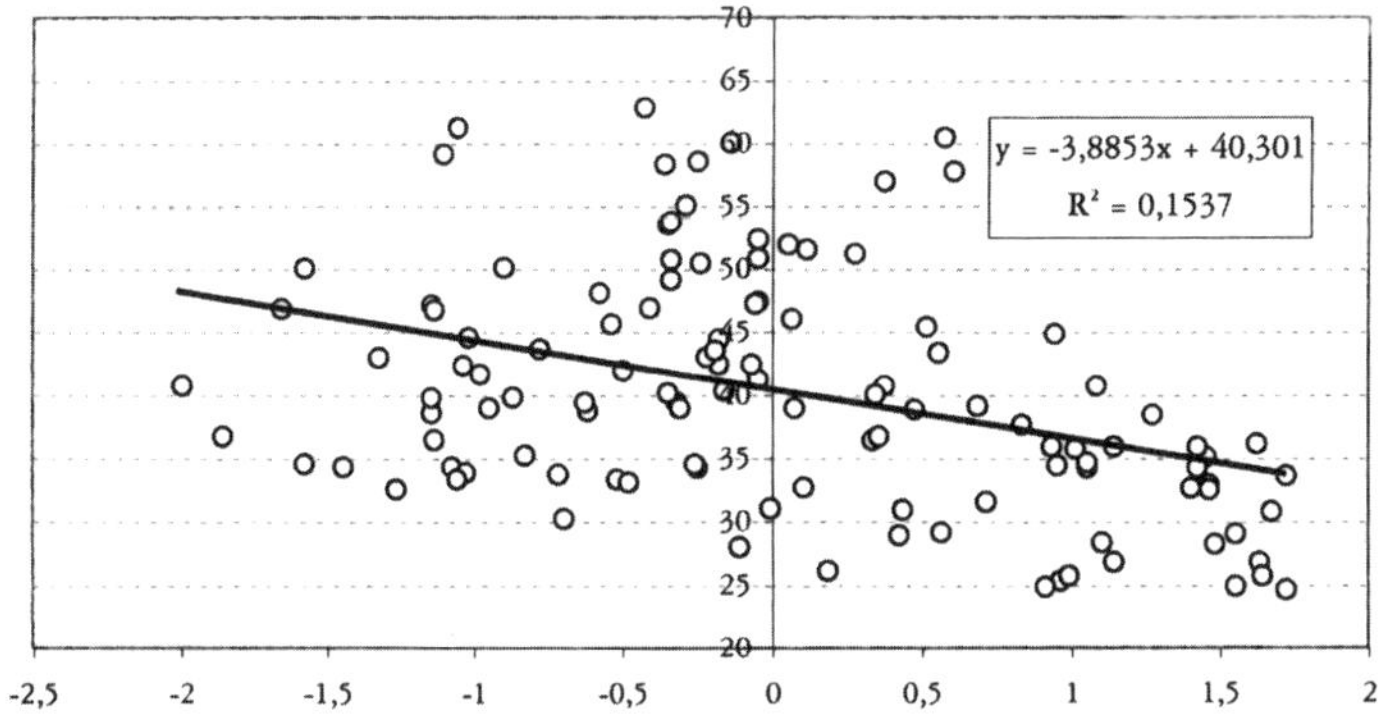

出所：国連，環境持続可能性指数（ESI）．

れ（「法の支配」）との間の相関関係の係数値は、環境面の持続可能性と民主主義の強い受け入れ（「発言権と説明責任」）との間の関係よりも、今度の場合では低い。

いいかえると、経済発展や人間開発にとって、完全な民主主義は経済的な自由よりも必要性が低いが、国のエコロジー・パフォーマンスにとってはその逆になる。図4－1でも、サンプルになる国の数を増やしても、民主主義とエコロジーとの間には、かなり高い係数値があらわれている。両者の間には、プラスのつな

図 4－2　170カ国の「発言権と説明責任」と公的医療費の対GDP比

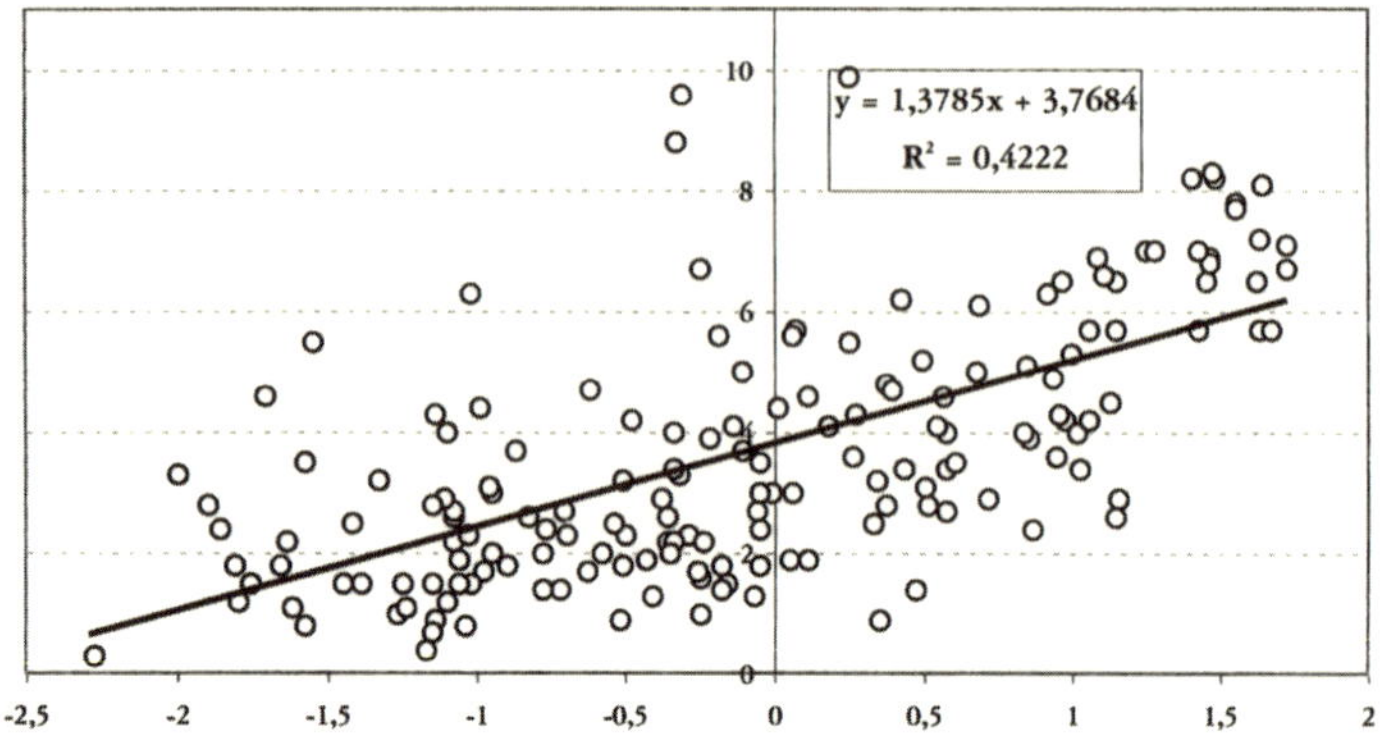

＊ 公的医療費の対GDP比（%）は2004年，
「発言権と説明責任」の指数は2006年.
出所：国連.

がりがあるのだ。

さらに踏み込んで、民主的な国と不平等レベルとの間に、経験則にもとづく相関関係を確認できるだろうか（本書第3章の図3－1で紹介したように）。そのためには、世界で最も人口が多い上位二〇カ国よりも大きなサンプルが必要になる。

図4－2では、多くの国の事例から、民主主義の拡大は公的医療費の対GDP比と強い相関関係にあることが

図4-3　153カ国の「発言権と説明責任」と男女平等指数

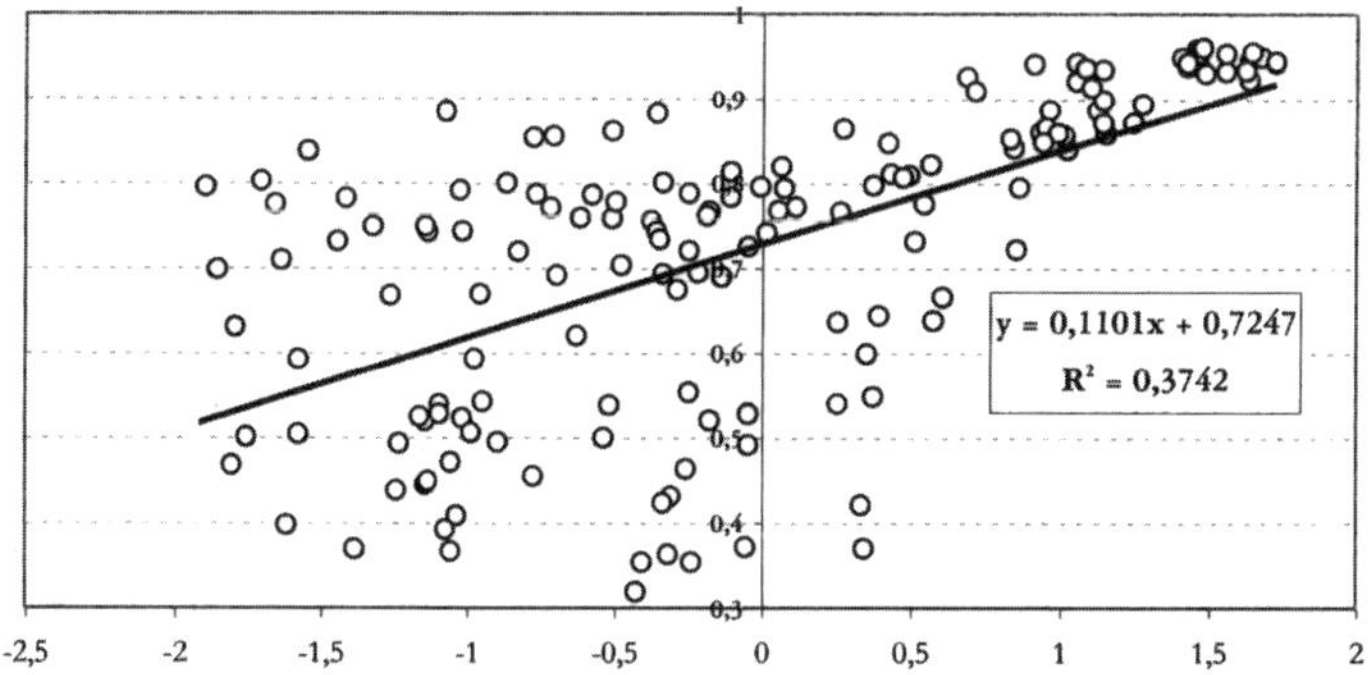

＊ 男女平等指数（gender-related development index）は2005年，
「発言権と説明責任」の指数は2006年.

出所：国連.

わかる（一人あたりの医療費に対してもほぼ同じように強い相関関係にあるが、乳幼児の死亡率との相関関係はやや弱い）。

また、民主主義の拡大は、男女平等の発展とも強い相関関係にあり（図4-3）、ジニ係数（＊12）によって計測される所得の不平等の低下とも相関関係にあるが（図4-4）、後者は前者ほど強い相関関係にはない。

こうした結果は、とくにラテンアメリカ諸国の影響を受けている。とい

＊12　もう一度説明すると、ジニ係数により、所得分配のばらつきをゼロ（完全に平等な状態。全員が同じ所得額の場合）から一〇〇（完全に不平等な状態。たった一人の個人が所得全体を得る場合）までの数値であらわすことができる。

図4－4　「発言権と説明責任」とジニ係数

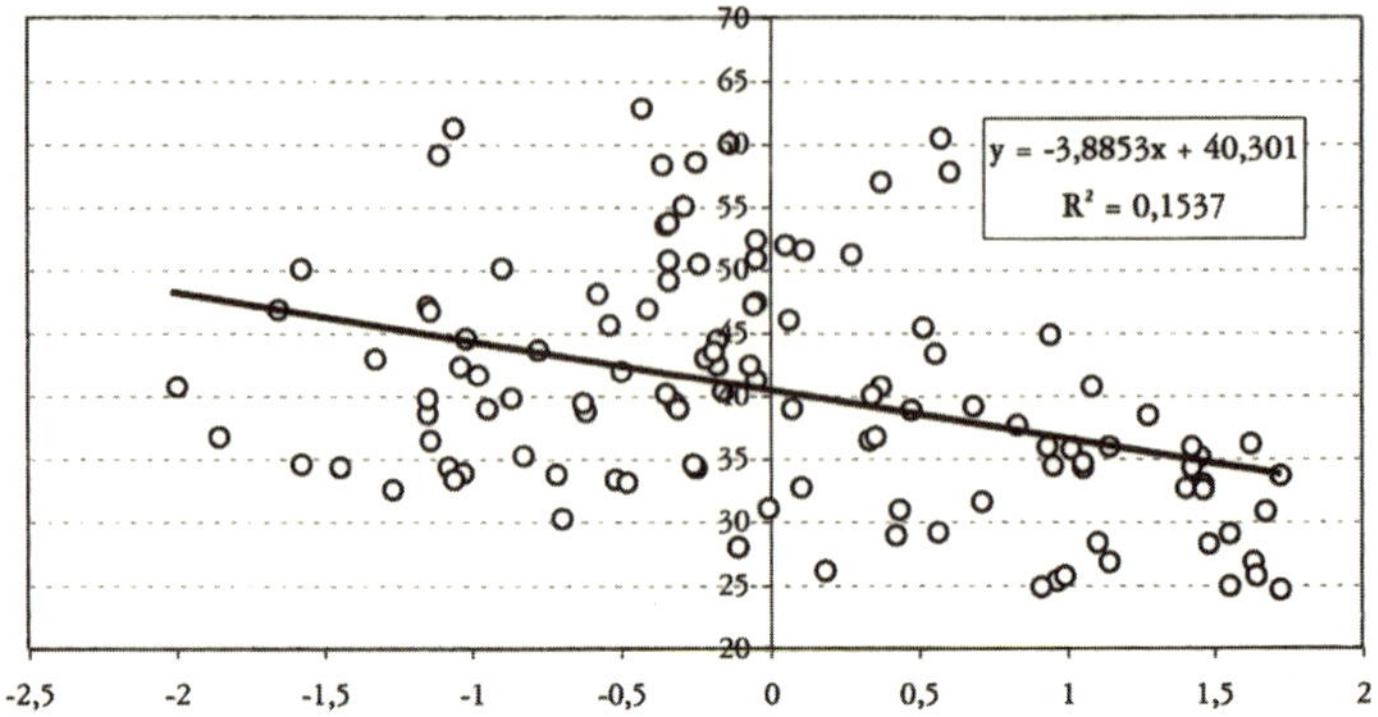

＊　ジニ係数は2000年ごろに計測された日付が異なるものを利用.
「発言権と説明責任」は2006年.

出所：国連.

うのは、ラテンアメリカの途上国諸国は、なかには民主的な国もあるものの、所得分配の観点から突出して不平等な国が存在するからだ。

ここでも、不平等が減少したことで民主主義が拡大したというよりは、民主主義が拡大したために不平等が減少したと考える論拠があるとしても、因果関係の解釈については慎重を要する。もっとも、不平等と民主主義という二つの変数は、三つめのパラメーターである経済発展レベルによって決定されるとも考えられなくはないが、さきほど述べた「ガバナンスなき経済成長」という例により、そのような解釈は退けられよう。

これらの研究は、今後の開発政策の理論や実践の中核をなすものであり、研究者たちには論理的な思考が求められる。

◆政治的自由から経済的自由への反転

現在、グローバリゼーションは、それぞれの社会の内部と同時に世界規模で、市場の領域を拡大させている。そのようなグローバリゼーションは、優先事項が政治的自由から経済的自由へとゆっくりと反転していく社会的文脈においてこそ、評価されなければならない。

本書で紹介した多くの研究は、おそらく研究者の意図に反して、こうしたゆっくりとした反転を後押ししている。つまり、発展に関する彼らの総括的な結論は、経済的自由のほうが政治体制よりも発展の決め手になっていると考えられる、ということだ(*13)。

二つの指数の間の強い相関関係の存在は、その計測があてにならない

*13　この問題についてさらに深い考察は、次を参照のこと。J.-P. Fitoussi, *La Démocratie et le Marché*, Grasset, 2004.

としても、着手すべき研究の方向性を示唆している。だが、研究対象となる現象については、あまり役に立たない。幸いなことに、経験則にもとづく研究をおこなう際には、でたらめを鵜呑みにすることを避けるのが経済学者たちの職業倫理だ。

現在のところ、民主主義と経済成長との関係からわかるのは、政治的自由の増加が、経済パフォーマンスにきわめて軽微なマイナスの影響をおよぼすであろうことだが、こうした関係は、統計的に顕著なものではない。

本書で紹介してきた多くの研究結果は、人為的な区分にもとづいたものであり、たとえば経済的自由と政治的自由の区分など、それらの意味するところが疑わしい場合もあるかもしれない。

経済的自由と政治的自由を概念的に区分することができるとしても、経済的自由を約束しない民主的な政治体制を想像することは難しい。経済的自由と政治的自由が発展に好ましい影響をもつのならば、民主的な政治体制においては、それらの影響は相互に作用することだろう。

一方、独裁者が法を遵守したり、少なくとも商取引の安全を保護したりすることはあるだろうか。これはかなり想像しづらい。メディアをはじめとする〔表現の〕自由の抑圧は、経済的自由の実現に役立つ情報を隠蔽してしまう。虚偽や機密の制度化が、経済取引に必要な信頼の構築にプラスになるとは思えない。

強権政治が直面するおもな困難の一つは、経済主体が所有権に関して、裁判所の判決を仰ぐかのように権力者が下す裁定に従わなければならないため、投資を躊躇することだ。事実、こうした強権政治のほとんどは腐敗している。そこで、政治力が衰えると〔国民に大きな自由が認められると〕、経済的、社会的に圧縮された水流は、重苦しい支配から解放され、流れ込むことのできる隙間をくまなく探しまわることになる。

ＧＤＰを加重平均した計算は、人間開発指数において重要である。だが、その計測は、人々の経済的な幸福を忠実に反映しているのだろうか。ＧＤＰを計測する者であれば、ＧＤＰは、おもに市場に出まわる製品や経済活動の尺度であっても、経済的な幸福感の尺度でないことは心得ている。

しかしながら、ＧＤＰ自体、そもそもが不完全なものなのだ。というのは、最も明白な事例として、公害などの環境問題が深刻化しても、あるいは労働災害の件数が増加しても、経済成長率は上昇するからだ。

ＧＤＰの額が同じＡ国とＢ国があるとしよう。Ａ国では、このＧＤＰを週五五時間の労働と児童労働によって達成するが、Ｂ国の労働時間はＡ国よりも短く、またＢ国の社会的な法制度は発達している。はたして両国の国民は、同じ幸福、そして(または)同じ自由を享受しているといえるだろうか。また、政治的自由の不在は、国民の隷属状態を強め、国民の自由な裁量の範囲を狭める。したがって、国民の幸福感は低いだろう。では、そのことを証明するために、長くうんざりするような経験にもとづく研究をおこなう必要があるのだろうか。

経済学者は、経験にもとづく研究をおこなう際に、自由の種類を区分して分析するが、その理由は何だろうか。

経済学の閉じた概念のなかでとらえると、市場経済の理論は、政府の市場介入を好ましく思わない。ピエール・ロザンヴァロン(▼6)は、そのような経済学のあり方について、次のように記している。

本来は、政治、法、対立が、社会を統治するはずだったが、現在では、市場が社会を統治するようになった。(……)こうした観点に立

▼6 ピエール・ロザンヴァロン(Pierre Rosanvallon, 1948–) フランスの政治学者、思想史家。労働組合運動や福祉国家についての著作がある。邦訳書に、『自主管理の時代』新田俊三・田中光雄訳（新地書房、一九八二年）、『連帯の新たなる哲学――福祉国家再考』北垣徹訳（勁草書房、二〇〇六年）など。

てば、アダム・スミスは、政治衰退の理論家ではあるが、政治経済学の創始者ではない（*14）。

だからこそ、市場経済と整合性のとれた政府の形態によってのみ、あらゆる潜在能力が発揮でき、それは見識ある専制君主の形態になるのだ。政府がこのような任務を果たせば、政治的自由によって民衆が主張する平等（所得再分配）だけでなく、経済的自由も約束されるだろう。

*14　ピエール・ロザンヴァロン『ユートピア的資本主義——市場思想から見た近代』長谷俊雄訳（国文社、一九九〇年）。

補論 2

中国とインド——民主主義・発展・環境危機

◆経済成長とガバナンス

今日、発展・開発、民主主義、エコロジーの関係を探る本を書く際に、中国とインドの事例にまったく触れないのは不適切だろう。その理由は、中国とインドの人口が人類全体の四〇パーセントにも相当するからだけではない。人口問題だけでなく、中国とインドを比較する際の興味は尽きない。

中国とインドは、似たところもあるが、異なるところもある。国土の大部分が農地で、長い歴史をもつ中国とインドという巨大な経済新興国は、一九九〇年代に低開発状態から脱出し、世界を震撼させた。だが、中国とインドは、経済成長やガバナンスに関して互いにほとんど異なる戦略をとったのだ。

中国は、対外貿易にもとづく経済成長戦略を、つまり徹底的な経済開放路線を明確に選択した一方で、インドは、グローバリゼーションへの統合ペースを慎重にコントロールしてきた。また、インドは（不完全とはいうものの）民主主義国家である一方で、中国は強権政治の国である。

両国の経済と開発のパフォーマンスに関して入手可能なデータからは、何がわかるのだろうか。両国の不平等には、どのような変化がみられるのだろうか。両国の政府の質は、どうなっているのだろうか。両国の発展は、自国の自然環境ならびに地球の生態系に対して、いかなる影響をもたらしているのだろうか。

補論2の狙いは、それらの疑問についての近年の信頼できる的確なデータを読者に提示することにある。だが、中国やインドに関して、民主主義、不平等、持続可能な発展のつながりはあまり明快ではないことがわかるだろう。ここで紹介するデータのなかには意外なものや、あるいは理解に苦しむものさえある。さらには、本書で展開したいくつかの主張と明らかに矛盾するものさえあるが、これから紹介するデータは正確なものである。

補論2からは、発展は、一つの因果関係にしか目を向けない分析には収まらず、錬金術から生じるということが読み取れるのではないだろうか。国民全員に教育を施すことを重視した共産主義体制の伝統など、歴史は重要な意味をもつ。

経済発展の指数だけを考察すれば、中国が自国をグローバリゼーションに統合させた戦略は、短期的には最も効率的だったといえるのではないか。IMFのデータによると、中国とインドの生活レベルの格差（購買力平価で換算した一人あたりのGDP）は、両国の経済が国際舞台に登場した一九九一年の時点では、インドのほうが中国よりも二二ドルほどリードしていた。この格差は一五年後に一九〇〇ドルになり、今度は中国がインドをリードした。

生活レベルの格差よりも驚きなのは、国連の人間開発指数（HDI）によって計測された値においても、中国はインドを上まわっていたことだ。この差は一九九〇年以降、拡大する一方だった。そのうえ、HDIのデータを詳細に検討すると、中国のリードは経済的な富だけに起因するものではないことがわかる。すなわち、平均寿命や教育に関しても、中国はインドよりも進んでいるのだ（表5-1）。

世界銀行の経済学者で中国が専門のデヴィッド・ダラーによると、結局のところ、中国の「改革開放」戦略の成功は、中国の優秀な人材、外資開放、民間投資促進のための環境整備などによって説明できるという

表5－1　経済発展と人間開発（インド，中国）

	インド	中　国
2007年の人口（百万人）	1,131.7	1,332.4
2006年の名目GDP（10億ドル）	1,070.7	2,867.6
2006年の財の貿易の対GDP比（%）	32.5	66.0
2005年の外国直接投資の純流入額（10億名目ドル）	6.6	79.1
2006年の（すべての製品に対する）適用関税率（%）	19.2	9.9
1人あたりGDPの1990年から2005年までの年間平均成長率	4.0	8.7
2005年の1人あたりGDP（2000年の購買力平価で換算した実質ドル）	2,126	4,091
2005年の人間開発指数	0.619	0.777
2005年の177カ国中の人間開発指数ランキング	128位	81位
2005年の平均寿命指数	0.645	0.792
2005年の教育指数	0.620	0.837
2005年／2020年の年間人口増加率	1.46/1.14	0.58/0.47
1970年／2005年の乳幼児の死亡率（%）	127/56	85/23

出所：世界銀行，IMF，WTO.

（＊1）。さらに中国は、乳幼児の死亡率を削減しながら、インドよりも人口の増加をうまく管理してきた点も挙げられる。

◆不平等の拡大と環境危機

中国では、経済発展によって貧困も著しく削減された。世界銀行によると、一九八一年には、中国の人口の約六四パーセントが貧困に喘いでいたが、ほんの一世代の間に、五億人の中国人が貧困から抜け出したため、二〇〇五年には、中国の貧困層の割合は人口のおよそ一〇パーセントにまで下落した。

この点においても、中国がインドをはるかに凌駕しているのは明らかだ。もっとも、インドの貧困層も減少したとはいうものの、同じ二五年間に、インドの極貧層は人口の五四パーセントから三五パーセントに減ったにすぎない。しかも、人口動態を考慮すると、インドの貧困層の絶対数は増加している（およそ五〇〇〇万人）（＊2）。同様に、教育の機会の不平等は、中国よりもインドのほうが大きい（教育に関しては、中国は共産主義体制の恩恵を受けている）（＊3）。だが、おもにグローバリゼーションを推

＊1　David Dollar, "Lessons from China for Africa," *Policy Research Working Paper*, 4531, The World Bank East Asia and Pacific Region, February 2008.

＊2　M. Ravallion and S. Chen, "Absolute Poverty Mesures for the Developing World 1981–2004," *World Bank Policy Research Working Paper*, 4211, Washington D.C., The World Bank, 2007.

＊3　インドの「エリート民主主義」は、おもにエリート層（上位カーストに属する人々）を対象とする高等教育にとっては好ましい制度だが、初等・中等教育に関しては問題が多い。

表5-2　経済的不平等と教育の不平等（インド，中国）

	インド	中　国
2005年の人間貧困指数	31.3	11.7
15歳以上の非識字率（1995～2005年）（%）	39.0	9.1
若年層の非識字率（1995～2005年）（%）	76.4	98.9
2004年のジニ係数	36.8	46.9
2004年の貧富比両端20%	5.6	12.2
2004年の貧富比両端10%	8.6	21.6

出所：世界銀行.

進力とした中国の経済発展は、所得不平等の急拡大をともなった。こうした不平等に対する人々の不満から、中国は、自国の政治的安定、さらには経済発展そのもののありようを、いずれ再検討せざるをえなくなるだろう。中国の地方都市間の所得格差、実際には都市部と農村部との所得格差により、一人あたりの所得レベルは一段階から一〇段階にまで区分でき、東部から西部にかけて「四つの中国」がある（表5-2）。

それらのパフォーマンス

において、政治体制はどのような役割を果たしているのだろうか。そして中国とインドというアジアの二つの大国を、どのように評価すればよいのだろうか。

今日の中国が、強権政治体制であることは明白だ。中国では、市民の自由は管理下に置かれ、政治的権利は制限されているが、それらを厳格に制御しながらも、経済的自由は推進されている（この恩恵を受けるのは、おもに共産党員と外国人投資家だ）。中国では、ビジネスと経済発展に最適な環境は整備されたが、不平等は拡大したのである。

したがって、中国の場合、経済発展のためには充分に政治的に安定的だといいうるが、民主主義への移行については、まったく見通しが立たない。

逆に、インドは地方分権型の民主主義であるが、国と地方の公権力は効率が悪く、中国と同様に汚職が蔓延している。インドの最も深刻な問題は、男女不平等に起因しており、これは発展の大きな障害になっている。インドは民主主義を深化させることによってしか、この障害を乗り越えることができないだろう（表5-3）。

政治体制は、発展とエコロジーとの関係において重要な役割を担う。

表5-3　民主主義とガバナンス（インド，中国）

	インド	中　国
2005年の政治的権利 （最高を1として7段階に区分）	2	7
2005年の市民の自由 （最高を1として7段階に区分）	3	6
政治環境	自　由	自由なし
被統治者の発言権と統治者の説明責任 （-2.5から+2.5）	+0.35	-1.66
法の整備状況（-2.5から+2.5）	+0.17	-0.40
汚職の管理（-2.5から+2.5）	-0.21	-0.53
政治的安定性（-2.5から+2.5）	-0.84	-0.37
政府の効率性（-2.5から+2.5）	-0.04	-0.01

出所：世界銀行，フリーダム・ハウス．

政治的な自由の抑圧と経済の自由化とのバランスをとりながら運営される中国の強権政治体制は、自国の経済発展にとって効率的な手法だとしても、中国の発展による環境破壊の拡大(＊4)は、そのような政治的戦略の限界をはっきりと示唆している。

とくに中国都市部の大気汚染は、世界最悪の部類に属する。エネルギー供給の六〇パーセント以上を石炭で賄う中国の温室効果ガスの排出量は、二〇〇七年には世界の二〇パーセント以上を占め、中国は世界最多の温室効果ガス排出国になった(二〇〇四年のインドの二酸化炭素排出量は一人あたり一・二トンであり、中国の三・八トンの三分の一だった)。

水資源の汚染は、さらに懸念される。OECD(経済協力開発機構)によれば、中国の河川の三〇パーセントは汚染が深刻な状況にあるという。だが、ジャレド・ダイアモンド(UCLA)をはじめとする研究者たちは、これまでにない規模の環境破壊の原因は、中国の急速な発展だけにあるのではないと指摘している(＊5)。

環境問題に対する中国の失策のおもな要因は、国民の衛生状態や生態系に配慮すべき民主的な政府が存在しないことだ。政治的自由が制限されているため、中国の経済発展から生態系の管理が抜け落ちている。よ

＊4　中国の環境問題については、次を参照のこと。*OECD Environmental Performance Reviews: China*, OECD, 2007.

＊5　ジャレド・ダイアモンド『文明崩壊——滅亡と存続の命運を分けるもの』楡井浩一訳(草思社、二〇〇五年)。

って中期的には、中国は自国の開発政策の見直しを迫られるだろう。

インドの環境問題について総括すると、素晴らしいとはいえないものの、中国よりはよい状態にある（本書の補論1で言及した環境持続可能性指数（ESI）を比較すると、二〇〇五年にこの指数が三八・六だった中国は、調査対象の一四九ヵ国中、一三三位だった。一方、この指数が四五・二だったインドは一〇一位だった）。

たとえば、世界銀行の研究（＊6）によると、都市部の公害指数はインドの中規模都市のなかにはひどくなっているところもあるが、インドの大都市では公害は改善されているという。最も興味深い点は、「環境問題に対する要求」がインド世論に登場し、国民の間で議論されるようになったことだ。このことからみても、環境問題への取り組みを促す要因は、民主主義だと考えられよう。

＊6 *Strengthening Institutions for Sustainable Growth: Country Environmental Analysis for India*, The World Bank, 2007.

日本語版解説

環境危機と金融危機

私たちの著作が日本で出版されることをたいへんうれしく思う。本書〔原書は二〇〇八年九月刊〕では、環境危機の分析とその見通しを語ったが、刊行とほぼ同時に日本を含めた先進国全体を襲った世界的な金融危機は、環境危機の影を薄くしてしまったようにもみえる。

ところで、環境危機と金融危機との間には、何かつながりがあるのだろうか。両者には共通点があるのだろうか。共通する原因を見つけ出すことができるのだろうか。われわれは日本の読者に、それらの疑問を抱いてほしいと思っている。というのは、日本では金融部門の不安定な状態が長引く一方で、エコロジー問題はかなり以前から認識されていたため、環境省に新たな権限を付与し、経済成長のために投じるエネルギー、大気汚染、ごみ処理などの問題を重要視することによって、エコロジー問題を緊急の課題としてきたからだ。

◉経済学の失敗

本書の分析の枠組みから説明しよう。本書は、内部調整という経済学的アプローチからは距離を置いている。これは、経済システムはつねに最適なバランスにあるか、もしくは、いずれ最適なバランスを取り戻すということを前提にした考え方だからだ。

私たちは金融危機の渦中で、内部調整、あるいは市場の自己調整という経済学的アプローチの失敗を目のあたりにしたが、この失敗は環境危機にもあてはまる。

私たちがオルタナティブな経済学的アプローチとする外部調整では、公的機関が大きく介入する。今日では世界中で、公的機関はふたたび融資に踏み切った。公的機関は権力を握ったのだ。いやむしろ、権力を取り戻したといえよう。

したがって、金融危機と環境危機との一つめの共通点は、次のとおりである。両者とも全体の崩壊を避けるために、公的機関がふたたび介入する緊急事態に陥ったという点だ。つまり、市場だけで事態を解決するのは不可能なことが明白になったのだ。

さらには、市場は事態を悪化させるおそれもある。一九三〇年代の大恐慌（一九三二年に米国は二五パーセントの失業率を記録した）の際には、金融市場や労働市場の自発的機能によって社会的な大混乱が引き起こされたことからも、これは明らかである。

エコロジーの分野では、乱獲によって漁業資源が激減している。これは、そうした事態を例証している（完全に、あるいは過剰に利用されている魚種は、世界の漁業ストックの三分の二以上を占めている。一方、きちんと資源管理されている魚種は、全体の一パーセントにしかすぎないのだ）（表2-3）。

◉未来からの復讐――持続可能性の修復へ

しかし、金融とエコロジーのシステム力学を考察するためには、従来の一般的枠組みを超えて分析する必要がある。これらの機能の諸悪の根源には、両者ともに同じ倫理的な問題がある。すなわち、現在［の価値］を選び取ることの当然の帰結として、未来の価値を低下させてしまうことだ。短期と長期の緊迫した関係にこそ、金融危機と環境危機の深遠なつながりがあるのだ。

「お金を貸し付けることによって金利を受け取るのは、存在しないものを支払わせることなので、不当な行為だ」というトマス・アクィナス（▼1）が発した警告が思い出される。金融においても、またエコロジーにおいても、未来を無視しないために現在を神聖化しないという倫理的な掟は、宗教的な制約から抜け出して資本主義の言葉にいいかえることができるだろう。

ここ数年ほどの間に、金融商品に要求された過剰な利回り、むしろ非現実ともいえる利回りは、長期的でなければならない金融の見通しとは程遠いものになってしまった。

同様に、現在の世代による天然資源の過剰消費は、将来世代の未来を毀損する。よって、短期と長期とのバランスを修復することは、金融危機と環境危機を解決する際のカギになる。その舞台となるのが民主主義である。これは私たちが本書で展開する命題である。いいかえると、現在のわれわれのシステムが、現在の推移の持続性に対して警鐘を鳴らすことなどない、ということだ。

世界経済は、二〇〇四年から二〇〇七年にかけて、おもに個人が債務を膨張させることによって急成長したが、これは長続きしなかった。金

▼1　トマス・アクィナス
（Thomas Aquinas, 1225?–1274）イタリアの哲学者。『神学大全』で知られるスコラ学の代表的神学者。

融危機によって世界経済の急成長に終止符が打たれた。金融危機は、経済のマイナス成長を引き起こしながら、われわれの過去の豊かさがわれわれの今日の豊かさを犠牲にした度合いをあらわすだろう。

エコロジーの推移に関しても、同じ持続可能性の問題がもちあがる。われわれは、自分たちの生産・消費活動が引き起こす自然資本の破壊を推し量ることができないという単純な理由から、自分たちの実際の富を過大評価しているのではないだろうか。

アダム・スミスが『国富論』の第四版で語ったように、政治・経済の計画は、「国民に充分な所得と生活資料をもたらすことであり、より正確にいえば、国民自身の力でこれらを手に入れることのできる状態にすることである」。要するに、経済システムと政治システムを連結させながら、「国民と主権者を同時に豊かにすることである」。

私たちが提唱する新しいエコロジー政策の野望は、公的機関によって蓄積された資源を利用して、より多くの人々が持続可能な方法で人間開発（所得、教育、医療）にアクセスできるようにすることだ。

民主主義は、社会正義の実現を主眼にする政治体制と定義できよう。

表6-1　未来をどう評価するか

50年先の金融的フローの予測	割引率（％）	金融的フローの現在価値
1,000,000	4.0	140,713
1,000,000	2.0	371,528
1,000,000	1.0	608,039
1,000,000	0.1	951,253
1,000,000	0.0	1,000,000

出所：TEEB, "The Economics of Ecosystems and Biodiversity," 2008.

また、エコロジーは、将来世代に配慮することと定義できる。この民主主義とエコロジーを維持するという関係は、経済システム、生態系、政治システムの間での共同決定であるため、この関係は相互依存の中核にある。

経済学者パヴァン・スクデフ（▼2）の研究チームは、国連の依頼により、生態系を保全するための経済学的評価をおこなった（表6-1）。彼らは、時間とともに生物多様性が減少することは、未来の価値の減退を示す明快な例証だという。

五〇年で年率四パーセントの割

▼2　パヴァン・スクデフ（Pavan Sukhdev）
UNEP（国連環境計画）で環境経済学の研究を主導しているエコノミスト。二〇一〇年、「TEEB（生態系と生物多様性の経済学）報告書」を、名古屋で開催された生物多様性条約第一〇回締約国会議において発表。二〇一一年、UNEPの「グリーン・エコノミー報告書」を主筆。「TEEB報告書」は、しばしば「生物多様性版スターン報告書」とも呼ばれている。

引率を採用することは、われわれの孫世代が生物多様性や生態系から得る将来の便益の価値を、われわれが今日それらから享受している便益の七分の一とみなすことに等しい。

倫理的観点からは、われわれの孫世代が、われわれの世代と同等の自然やモノを満喫できるという原則を順守すべきである。この場合、こうした期間における便益を価値評価する際に採用する割引率は、ゼロでなければならない。

経済学者ニコラス・スターンが率いる研究チームは、気候変動の問題について未来を正当に評価しないシミュレーション・シナリオをつくることを拒否し、これまで発表されたなかでも最高の経済分析を提示したが〔スターン報告書『気候変動の経済学』〕（▼第3章－10）、スクデフの報告（TEBB報告書）はまさにこれと同じ理念にもとづいている。本書第3章で言及したスターン報告書の結論は、現在の世代に対して厳格で即時の犠牲をともなう行動を促している。そうした結論が導き出された理由の一つは、きわめて低い割引率を選択したことによって、未来に対して重要な価値を置いたからである。

倫理的な疑問は、当然ながらエコロジー問題の中核をなす。これはいわば「現在に対する未来の復讐」であり、これと同じことは、実体経済に対する金融システムの有用性と、経済的ショックに耐えうる金融システムの能力を修復するために、世界の金融市場においても推進されるべきである。よって、持続可能性は、生態系と同様に、金融システムにおいても採用すべき概念なのだ。

◉不平等の危機、共同体の危機

金融危機と環境危機の類似性を描き出すために、もう一歩踏み込んで考察してみよう。つまり、金融の暴風雨は、環境危機の中核にもみられる二つの混乱が原因の毒入り果実であることがわかる。

賃金上昇率の停滞により、米国人世帯は債務を過剰に膨らませた。米国発の金融メルトダウンは、不平等の危機から生じたのだ。さらにまた、米国社会の不平等は、新興国や産油国のマネーによって埋め合わされた。

新興国と産油国は、貯め込んだ外貨を自国の発展に向けた福祉国家の樹立のために投資しなかった。また、豊かな国の所得格差はここ二〇年の間にかなり広がった。これらのことも、「過剰な経済成長」を引き起こした要因である。この過剰な経済成長は、国民所得の不当な再分配を埋め合わせるために必要不可欠となった。

だが、過剰な経済成長はエコロジー・バランスにとって有害だった。日本においても、過去二〇年の間に所得格差が広がった。同様に、新興国や低開発国では、不平等、より明確にいえば貧困によって環境破壊が拡大している。発展を求める国で暮らす貧しい国民（彼らの七〇パーセントは農村部で暮らしている）は、貧困により、物的資本と雇用機会を奪われ、生きのびるために身のまわりにある自然資本（森林、海洋生物資源、鉱物など）を利用せざるをえない。本書のテーマである不平等と環境危機のつながりは、金融危機にもあてはまるのだ。

共同体が抱えるインテリジェンスの危機にも、金融メルトダウンの源泉をみいだすことができるが、これは環境危機にとっても無縁でない。数学を駆使した偽りの魔法にとりつかれたクオンツに（▼3）よって情報化

▼3　クオンツ（Quants）
「Quantitative（数量的、定量的）」から派生した用語。高度な数学的手法や数理モデルを用い、マーケットの分析、投資戦略や金融商品の考案、開発などをおこなうこと。もしくはその専門家のこと。

された確率の高い賭けは、クオンツの創始者の理念から大幅に逸脱した。これは、技術進歩の一部が人間社会から逸脱したに等しい（スタンフォード大学の生物学者ピーター・ヴィトーセクがこれについて記している。「われわれが地球を理解するペースよりも、われわれが地球を変化させるペースのほうが速い」）（＊第2章-19）。

この点に関して、われわれは人類の発展を示す二重の不可逆性を断言する。すなわち、知識や技術進歩の蓄積が進む一方で、枯渇性資源ストックの切り崩しや、ある種の環境資本の取り返しのつかない非自然化が進行する。天然資源の速すぎる消費ペースと、新たな環境技術やエネルギー技術への遅すぎる投資ペースとの隔たりこそが、環境危機を克明に説明する。

◉二つの危機からの脱却

危機の原因が共通のものならば、危機に対する対処法も同じなのだろうか。一見したところ、二つの危機は並行状態というよりも交わっている。

金融危機は、現実にエコロジー的混乱を悪化させるおそれがある。というのは、市民の間で持続可能な発展を支持するコンセンサスが形成され、国家、ヨーロッパ、世界の規模での合意が持続可能な発展に法的な効力を付与しようとしたときに、金融危機は国家から予算を奪ったからである。

金融危機がどのようにしてエコロジーの道筋をふさいだのかは、二〇〇八年一二月におこなわれたEUの「気候変動とエネルギーに関する政策パッケージ」への投票におけるヨーロッパ諸国間の中途半端な交渉成果をみれば歴然としている。気候変動に関する国際交渉についても非常に懸念される。このような状況において、環境技術の移転によって世界をリードする日本は、重要な役割を担うだろう。

だが、逆の論証も可能であり、またそうでなければならない。経済危機は、低炭素社会や生態系の重視など、持続可能な発展に向けた経済構造改革を加速させるチャンスかもしれない。なぜなら、経済危機は金融危機を加速させるため、米国、ヨーロッパ、日本が「緑の経済活性化対策」を振興することによって、不況を阻止する政策を選択するかもしれないからだ。

とくに、気候変動に関係する最も動態的なインフラである建物と交通手段に莫大な資金を投じることが重要となるだろう。同様にして、炭素税も真剣に検討する必要がある。つまり、炭素を排出する製品について、エコロジー的観点から評価した本来の価格を洗い出さなければならない。

欧米諸国とともに、日本がこれから直面する重大な課題は、経済危機を克服しながら環境危機を和らげることであり、同時に、自国経済を変革し、活性化していくことである。

訳者解題

利己主義にもとづく利他主義へ

本書は、Jean-Paul Fitoussi et Éloi Laurent, *La nouvelle écologie politique : Économie et développement humain*, Paris, Seuil, 2008（『新たなエコロジー政策――経済学と人間開発』二〇〇八年九月刊）の全訳である。

本書の著者は、ジャン＝ポール・フィトゥシとエロワ・ローランである。一九四二年生まれのフィトゥシは、フランスのエリート校であるパリ政治学院の経済学部教授であり、フランス経済研究所（ＯＦＣＥ）所長を務め、二〇一三年現在、首相の経済財政諮問委員会のメンバーである。一方、ローランは、ＯＦＣＥのシニア・エコノミストであり、パリ政治学院で教鞭をとっている。

フィトゥシは、二〇〇七年の米国のサブプライム問題をきっかけとした金融危機が発生した当時から、社会の行方を市場が決める時代は終わったと宣言してきた。国の介入があったからこそ、金融システムは崩壊を免れたのであり、金融危機後の世界に必要なのは、緊縮財政や金融引き締めではなく、グローバルなニューディール政策（各国が協調するケインズ型の景気刺激策）だと述べている（二〇〇九年一月二七日付「朝日新聞」インタビュー記事より）。

フィトゥシのそうした考えに変化はなく、二〇一三年三月に出版された『街灯の定理（*Le*

théorème du lampadaire)』においても、ヨーロッパの緊縮財政政策により、ヨーロッパ市民の生活の質が改善されることは期待できず、さらには民主主義が後退するだろうと厳しく批判している。ちなみに、タイトルの「街灯の定理」が意味するのは次のような光景だ。真夜中に自宅のカギを落とした人物が、街灯の下の光のあたる明るい地面だけを探している。この定理は、カギを街灯の下で落としたのかは定かではないが、とりあえず目に見える場所だけを探している滑稽さを表現している。

フィトゥシは、「経済主体は合理的な判断をする」、「市場は効率的だ」、「マネーの量は物価だけに影響を与える」などの仮説にもとづく新古典派の経済学理論を、「街灯の定理」だと切り捨て、そのような政策では、今日的課題である失業や環境問題は解決できない、と述べている。すなわち、経済学は、地面を照らす街灯の設置場所を誤っている、要するに誤った経済理論（新古典派の経済理論）を提示している、と主張しているのだ。経済学の責務は、世の中を深く理解することであって、人間の暮らしを経済学が想定する「合理性」に押し込めることではない。

また、フィトゥシは二人のノーベル経済学者、ジョセフ・E・スティグリッツとアマルティア・センと共著で、『暮らしの質を測る――経済成長率を超える幸福度指標の提案』（福島清彦訳、金融財政事情研究会、二〇一二年）を上梓している。この本では、「経済業績と社会進歩の計測に関する委員会」、通称「スティグリッツ委員会」においてGDPに代わる指標づくりを模索している。いわゆる「幸福の経済学」であり、人々の幸福を測るモノサシの作成であるが、そのあらましは、本書の内容に符合する。すなわち、いくら一人あたりの経済成長率が高くても、環境汚染が深刻であったり、労働条件が過酷であったり、基本的人権の尊重や男女平等、そして政治的自由がなければ、居心地のよい社会とはいえないだろう。では、人々の幸福感は、どのようなものさしを使って数値化できるのだろうか、という課題である。

本書が示唆するように、経済学とエコロジーの背後には、民主主義がある。つまり、民主主義が成熟してこそ「幸福の経済学」の指数は向上するのだ。

◉マルサスの法則

マルサスの法則（▼第1章－9）は、人口は等比的に増加するが、食糧などは等差的にしか増大しないので、支えるに足る物質量以上に人口が制限なしに急増すると、貧困、戦争、病気、堕胎などの「悪徳」が作用する社会になるという、一八世紀末にイギリスの経済学者マルサスが唱えた理論だ。

このマルサスの法則があてはまる、人々の絶対的要求が満たされない陰鬱な社会では、不平等が存在しても一般大衆の生活レベルは変化せず、彼らを搾取するごく一部の人々は貧困から脱出できる。よって、これは不平等が問題視されない「悪徳の栄え」の社会である。だが幸いにも、本書の指摘にあるように、「マルサスの理論は、それが完成した時点から誤ったものになったのだ」（四一頁）。本書の表1－1がそれを如実にあらわしている。「地球の住人の平均所得の増加額を比較すると、一九九〇年から二〇〇〇年までの増加額は、西暦一年から一八二〇年までのおよそ五倍である」（四〇—四一頁）。ちなみに、『経済と人類の1万年史から、21世紀世界を考える』（ダニエル・コーエン著、林昌宏訳、作品社、二〇一三年）を読むと、本書と同じ骨子の分析が展開されている。

したがって、心配すべきは、蒸気機関、内燃機関、電気などのエネルギー革命とそれにともなう技術革新をつうじて克服したマルサスの法則が、食糧ではなくエコロジーの面から制約を受け、われわれの社会がマルサスの法則が作用する社会に逆戻りすることだ。その兆候として、現代社会は社会的格差の増大に寛容であることが挙げられる。そうなれば、いわゆる金持ちの過剰消費が正当化されてしまい、経済成長の果実を、貧困、失業、環境問題などの解決に利用できなくなる。

さらに究極的な問題がある。産業革命以降、無限だと錯覚していた自然（大気、水、天然資源）が、じつは有限だったことを、われわれは近年になって悟ったが、この有限性を人類はどのようにして克服すればよいのだろうか。

◉有限性の解決策

リカード（▼第1章－12）は、人口の増加に対し、農産物の供給不足が生じる観点から、土地を経済成長の限界要因とみなした。産業革命を目のあたりにしたジェヴォンズ（▼序章―3・▼第1章―16）は、それを天然資源の枯渇だと論じた。

これまで人類は、技術革新やグローバリゼーションにより、静止状態さらには衰退を先延ばしにしてきた。この構図は、ハイブリッド車の開発や海外市場の開拓など、トヨタ自動車をはじめとする大企業にもあてはまる。しかし、これは根本的な解決策ではない。

もう一つの解決策は、資本主義において物質の過剰消費に満足をみいだすのをやめようという方法だ。これは、これから自動車を購入しようと思っている大勢の中国人には、小型のハイブリッド車を買ってもらうか、軽自動車で我慢してもらうという方法だろう。だが、直感的にではあるが、この方法がうまくいくとは思えない。貧困から這い上がってきた人々に対し、「俺たちと同じ生活はするな」と言い放つのに等しいからである。

◉二本の時間の矢

本書のキーワードである「時間の矢」は、不可逆性を意味する。時間の不可逆性はいうまでもない。そして経済の原動力である石油、天然ガス、石炭などの天然資源は、再生不可能なエネルギーであり、不可逆的な財である。これが一本目の時間の矢だ。二本目の時間の矢は、知識の蓄積だ。一方は右肩下がり、もう一方は右肩上がり、このハサミの両刃が開いたような領域においてこそ、人類は解決策をみいださなければならないと、本書は論じている。

そのためのヒントとして、本書は猶予時間の設定を提唱している。すなわち、「われわれが地球を理解するペースよりも、われわれが地球を変化させるペースのほうが速い」(八二頁)。本書では、海洋生物資源の例が挙げてある。自然のメカニズム、いわゆる復元力のあるエコシステム(生態系)を理解する前に、人類はその仕組みを破壊しているという指摘だ。

こうした意味で、われわれは地球温暖化対策の重要性を見直してみる必要があるのかもしれない。リーマン・ショックを引き金とした世界的な金融危機、ユーロ圏の財政破綻、東日本大震災と福島第一原発事故などで、メディアの話題からすっかり姿を消した地球温暖化問題だが、その対策を国際的な枠組みできちんと実行できるのなら、人類は知識を蓄積するための猶予時間をもうけることができるだろう。その間にハサミが開いた領域は広くなり、われわれよりも知識を蓄積した将来世代が、すばらしい解決策を編み出してくれるかもしれない。そのためには、将来世代がわれわれの世代と同様、あるいはそれ以上に地球環境を利用できる状態を、われわれは保障しなければならない。

本書が述べるように、このような将来世代に対する利他主義を実現するためには、同世代に対する利他主義が不可欠だという。経済学は、効率性を追求する学問だというイメージがある。その経済学に照らし合わせても、人類が人道主義にしか解決策をみいだせないという本書の結論を、われわれは重く受けとめたいと思う。撞着語法的に表現すれば、われわれは利己主義にもとづく利他主義を必要としているのだろう。

最後に、難解な内容の本書翻訳出版作業を粘り強く支援してくれた新泉社編集部の安喜健人氏に、深く感謝申し上げたい。

二〇一三年六月三〇日

林　昌宏

【著者】

ジャン＝ポール・フィトゥシ（Jean-Paul Fitoussi）

1942年生まれ．フランスの経済学者．

パリ政治学院経済学部教授．フランス経済研究所（OFCE）所長．

邦訳書に，ジョセフ・E. スティグリッツ，アマルティア・センとの共著『暮らしの質を測る——経済成長率を超える幸福度指標の提案』（福島清彦訳，金融財政事情研究会，2012年）がある．同書は，サルコジ仏前大統領の依頼で組織された「スティグリッツ委員会」（経済業績と社会進歩の計測に関する委員会）の報告書であり，フィトゥシはフランス経済学界の権威として，前記２名のノーベル賞受賞経済学者とともに報告書編纂に参加している．

エロワ・ローラン（Éloi Laurent）

フランスの経済学者．

フランス経済研究所（OFCE）シニア・エコノミスト．

パリ政治学院で教鞭をとる．


【訳者】

林　昌宏（Masahiro Hayashi）

1965年愛知県生まれ．翻訳家．

立命館大学経済学部経済学科卒業．

訳書：『世界を壊す金融資本主義』（ジャン・ペイルルヴァッド，NTT出版），『世界エネルギー市場』（ジャン＝マリー・シュヴァリエ，作品社），『環境問題の本質』（クロード・アレグレ，NTT出版），『21世紀の歴史』（ジャック・アタリ，作品社），『アンデルセン，福祉を語る』（イエスタ・エスピン＝アンデルセン，NTT出版），『迷走する資本主義』（ダニエル・コーエン，新泉社），『国家債務危機』（ジャック・アタリ，作品社），『ユートピアの崩壊　ナウル共和国』（リュック・フォリエ，新泉社），『経済と人類の１万年史から，21世紀世界を考える』（ダニエル・コーエン，作品社）など多数．

社会思想選書
繁栄の呪縛を超えて——貧困なき発展の経済学

2013年8月15日　初版第1刷発行

著　者＝ジャン＝ポール・フィトゥシ，エロワ・ローラン
訳　者＝林　昌宏
発行所＝株式会社 新 泉 社
東京都文京区本郷2－5－12
振替・00170－4－160936番　TEL 03(3815)1662　FAX 03(3815)1422
印刷・製本　萩原印刷

ISBN978-4-7877-1312-4　C1033

フランソワ・デュベ 著
山下雅之 監訳

経験の社会学

A 5 判・304 頁・定価 2800 円＋税

フランスを代表する社会学者の一人，フランソワ・デュベの理論的主著．都市・若者暴動などの調査にもとづいて，従来の社会学理論を総合的にとらえ直し，それらの超克を提起した問題作．〈社会的排除〉と〈社会の解体〉を生きるわれわれの経験と主体性をリアルに描き出す．

ルイス・マンフォード 著
関 裕三郎 訳

新版 ユートピアの系譜
——理想の都市とは何か

四六判上製・324 頁・定価 3200 円＋税

混沌として希望の持てない時代にこそ，人類は“理想の世界”を思い描き，実現しようとしてきた．プラトンの『国家』から説き起こし，近代にいたるまでの代表的なユートピア論，ユートピア文学を克明に分析し，現実を再建するための“理想”とは何かを考える古典的労作．

上野清士 著

ラス・カサスへの道
——500年後の〈新世界〉を歩く

A 5 変判上製・384 頁・定価 2600 円＋税

〈新世界〉発見直後の 16 世紀．ヨーロッパ人植民者による先住民への暴虐行為を糾弾し，彼らの生命と尊厳を守る闘いに半生を捧げたカトリック司教ラス・カサス．カリブ中南米各地にその足跡を訪ね歩き，ラテンアメリカの 500 年間を照射する紀行ドキュメント．池澤夏樹氏推薦

小倉英敬 著

侵略のアメリカ合州国史
——〈帝国〉の内と外

四六判上製・288 頁・定価 2300 円＋税

ヨーロッパ人のアメリカ到達以来の 500 余年は，その内側と外側で非ヨーロッパ社会を排除し続けた征服の歴史であった．気鋭のラテンアメリカ研究者が，先住民の浄化に始まる侵略の拡大プロセスを丹念に見つめ，世界をグローバルに支配する〈帝国〉と化した米国の行方を考える．

八木澤高明 写真・文

ネパールに生きる
——揺れる王国の人びと

A 5 変判上製・288 頁・定価 2300 円＋税

ヒマラヤの大自然に囲まれたのどかな暮らし．そんなイメージと裏腹に，反政府武装組織マオイスト（ネパール共産党毛沢東主義派）との内戦が続いたネパール．軋みのなかに生きる人々の姿を気鋭の写真家が丹念に活写した珠玉のノンフィクション．全国学校図書館協議会選定図書

宋芳綺 著　松田 薫 編訳

タイ・ビルマ 国境の難民診療所
——女医シンシア・マウンの物語

四六判上製・224 頁・定価 1800 円＋税

ビルマ国境のタイ側の町メソットで，ビルマ軍事政権の弾圧を逃れてきた難民や移民に無料診察を続けているメータオ・クリニック．「ビルマのマザー・テレサ」とも呼ばれ，自身もカレン難民である院長のシンシア・マウン医師と診療所の 20 年以上にわたる苦難の歩みを紹介する．